TOWARDS
AN INCLUSIVE
SOCIETY

包摂型社会
社会的排除アプローチとその実践

JEON, HONG-GYU

全泓奎 著

法律文化社

はじめに

　「社会的排除」概念は当初，EU統合のプロセスの中で講じられてきたが，その後さらなる概念の精緻化や具体的な政策実践が模索されてきた。既存の貧困関連概念に対し，社会的排除が持つ概念的な斬新さとは，「貧困化」という「プロセス」(Poverty as Process) とその「多次元的なメカニズム」に注目した点にある。近年，都市化の進展と共に，貧困がさらに都市へと集中するようになり，貧困の都市化 (urbanization of poverty) と認識されるプロセスが注目を集めている。なかでも，都市内における社会的不利の集中に焦点が当てられ，そのメカニズムによりもたらされる社会的排除に対する地域のダイナミックな役割に大きな関心が集まっている。地域がもたらす，あるいは地域を通じた様々な不利益への対応は，排除に抗するために欠かすことのできない課題でもある。また，上記のプロセスやメカニズムを考える際に，それらにより影響を受けやすい（傷つきやすい＝ヴァルナブル）人々の存在が，至る所で新たな貧困問題として浮上し，対応が急がれている。

　本書では，社会的排除に関する基礎理論について学びながら，現代の地域コミュニティに潜んでいる多次元的な社会的排除問題を同定する。そして，包摂型社会に向けた貧困概念の脱構築とその解決に向けた糸口を，様々な実践例を検証しながら探っていく。本書は11章からなるが，各章ごとに話題を分けて，できるだけ読者と共に，問題を共有し解決に向けた課題を考えていくような形でまとめるよう心掛けた。本書は，著者の大学院講義（大阪市立大学大学院創造都市研究科）で開設した科目（社会的包摂論）を基に構成されている。したがって，本書は受講生の参考資料として作成した原稿及び配布資料を基に，大幅に加筆修正を施し，新たに書き下ろした原稿を加えて再構成したものである。そ

の中で，できるだけ理論に偏らず，実践的な導きとなるよう，また既に実践の現場に立つ読者にとっては，従来の活動の振り返りのための実践書としても役立つよう試みた。

　このような実践の手引書としての特徴の他，本書が持つもうひとつの特徴は，都市や特定の地域，そして居住問題との関連で社会的排除（包摂）を論じている点である。社会的排除アプローチと関連しては，これまでに概念の理解等を始め，とりわけ特定の個人や集団と社会的排除との結び付きに関連して一通りの議論がなされている（福原, 2007; 岩田, 2008; 岩田・西澤, 2008; 宮本, 2013）。翻訳書も概念の広さや議論を深めるのに一定の役割を果たしている（バラー＝ラペール, 2005; バーン, 2012）。しかし，本書が着目している都市・地域空間の再生や居住問題との関連性を重点的に捉えた議論は，既存の文献からは部分的にしか取り上げられていない。

　本書は，社会的排除アプローチを都市空間に投影し，その中でも特に住まいや地域にかかわる社会的排除問題を同定し，それらの包摂に向けた課題を模索するための本格的な試みとして企画している。都市空間は人間生活が営まれる場であり，また個人や集団間の交わりが地域やコミュニティの中での関係性を形成しながら生活世界を構築していく場でもある。しかし，人と資本のグローバルな移動が激しくなる中，地域は人を包みいれる空間ではなくなりつつあり，むしろ人間生活や社会の分断や排除を生み出す場としてさえ機能する場合も見受けられるようになった。住まいに関しても，高齢化や少子化などによる縮小都市とも言える現象が進む中，ハードの空間だけでは人の安全と生活向上を保障することが期待できなくなりつつある。都市空間や住まいをどのように再生していくか，包摂型社会を考えていく上で大きな課題となっている。

　今，我々の社会は，まさにどのような地域や住まいに居住するかによって，仕事や生活のパフォーマンスに大きな差が生じてしまう時代になっている。本書では，そのような点を射程に入れ，地域や空間が，どのようなメカニズムによって社会的排除と結び付き，排除を生み出してしまうのかについて，筆者が行ってきた実証的な調査等に基づいて紹介していく。その中で都市や地域の中にある排除の問題にどのように対応し，「包摂都市」として再生するか考えていく機会としたい。それこそ本書が「包摂型社会」を都市や地域空間に具現し，

「包摂都市」の実現に向けた道筋を探ることを提案するゆえんである。

　本書は，3部構成に分けられている。Ⅰ部では，社会的排除アプローチについての基礎概念の紹介等を中心としている。Ⅱ部では，社会的排除アプローチを地域や住まいに適用するための関連概念についての先行研究をレビューする。最後にⅢ部では，Ⅰ部とⅡ部の理論を実践的な現場に照らし，各現場の社会的排除問題を同定した上で，それぞれに対し包摂に向けた課題を考える。

　Ⅰ部は2つの章で構成される。主として社会的排除概念の説明に努めた。01章では，社会的排除議論の背景として，福祉国家の形成と性格について紹介する。その後，社会的排除アプローチが登場する背景としての福祉国家の危機と，それに伴う新しい貧困問題としての社会的排除について述べる。

　02章は，前章の背景を踏まえ，「社会的排除概念の形成と意味」について，関連概念を紹介すると共に社会的排除概念自体の多次元性に触れ，同概念に関する欧米の先行研究で述べられている排除関連言説やパラダイムについて紹介する。またこのような社会的排除アプローチを市民権概念と関連付けながら，広義の概念としての参加的市民権概念への脱構築を試みつつ包摂型社会を展望する。

　Ⅱ部では以上で紹介した社会的排除関連概念を都市や地域に適用し，とりわけ住まいや地域と社会的排除との関連性を見極めるための関連概念や理論的なアプローチの紹介に努めた。まず，03章では，居住分野における社会的排除の性質について，社会的排除の言説と居住政策との関連性に焦点を当てて紹介している。

　その後，04章では，詳しく住居と社会的排除との関連性に関する先行文献からの知見を紹介する。欧米の文献からは，様々な観点から社会的排除と住まいの関連性について研究がなされている。本章では，それらの文献をレビューし，とりわけ住居と社会的排除との関連で説明できる内容として，「社会的排除の原因としての居住貧困」と「適切な住居や関連サービスからの排除による居住貧困」，そして「社会的排除の結果としての居住貧困」に分けて考える。一般に居住貧困というと，適切な住まいがなく，居住生活の安心や安全を期待できない状況が持続していることを想像しがちである。しかしながら，安定し

た住まいがあれば生活の安心・安全が得られるかといえば，そうでもないという状況が現代の都市社会の中で大きな問題として取り上げられている。例えば，高齢者や障がい者など，住まいに加え居住生活の安心感を向上させる居住関連サービスを必要とする場合もある。近年高齢化が進み介護への負担等が指摘される中，安心・安全な住まいや関連サービスは，一層重要性を増している。

続いて，関心の射程をもう少し広げ，地域と社会的排除との関連性を見る。**05**章では，社会的排除における地域の役割に注目し，先行研究から多く紹介されている，いわゆる「地域効果」を巡る議論を紹介する。地域効果は，英語では「area effects」，もしくは「neighbourhood effects」と表記される。主として特定の地域で生活することによって個人や集団が社会的不利を被りやすい点に注目し，それをもたらす地域の「効果」や「影響」に着目した概念である。欧米社会ではこのような問題に対応し，特定の地域に優先したプログラムを実施し，多くの成果を挙げてきた点は，いくつかの関連文献や研究からも紹介されている。なお，それに関連した地域効果も述べられており，本章では先行研究のレビューから地域効果の類型化を試みると共に，それらの特徴や対策について関連実践の例を触れながら紹介する。

以上のような，いずれも先行研究に基づいた概念の紹介を基盤におき，III部では具体的な現場実践について紹介して，各々のフィールドに関する社会的排除問題を同定するとともに包摂型社会に向けた課題を考える。

まず，**06**章では，多文化コミュニティワークによるコミュニティの再興として，2011年に大きな被害をもたらし，世界を震撼させた東日本大震災における実践について紹介する。今回の大災害では，1995年に起きた阪神淡路大震災とは大きく異なる特徴がある。地震による被害のみならず，大規模な津波による被害をはじめ原発事故による被害の長期化をももたらし，複合的な大災害となった点である。それに加え，阪神淡路大震災が都市型の大災害であった点に比べ，東日本大震災は，東北3県と広範囲にわたって大きな被害をもたらした点も特徴として挙げられる。そこで本章では，今回の災害に対し，とりわけ在住外国人の被害状況について紹介する。東北3県の場合，都市とは異なり「嫁」不足問題が深刻となっており，在住外国人の多くは日本人の配偶者として生活していた場合が多い。本章では被災住民へのインタビューとともに震災前の生

活や被災当時の経験や支援に関わった団体の活動を通し，都市部とは異なる，東北型多文化共生の有り様について紹介する。

　07章も引き続きエスニシティに焦点を当て，とりわけ都市や地方の在日コリアンコミュニティの現状を検討し，当該地域の地域再生に向けた課題を考える。なかでも若年層の地域外への流出が進む中，地域で居住する高齢者の居住及び生活課題について行った調査の結果を紹介しながら，再生に向けた実践課題を考える。

　08章は，同じく都市内の不利地域として対応が求められる都市部落の高齢居住者の生活から，社会的排除問題と地域再生に向けた課題を検討する。これまで同和地区では，部落差別による劣悪な環境が温存し，住民の就労や健康など生活上の多くの問題が生じていた。それらに対し，政府からの施策として同和対策が実施されてきたが，2002年に関連法律が失効して10年ほどを経ている各地域では，新たな問題への対応が課題として浮上している。本章では，大阪市内の同和地区のまちづくりに注目し，各地域が抱えている問題，そしてそれに対応したコミュニティ主導によるまちづくりについて紹介する。

　09章は，実践のフィールドや視点をいわゆる南の世界へ移し，とりわけスラム地域の再生に焦点を当てて，地域再生やコミュニティ開発に関する政策展開や社会開発論など，スラム再生にかかわる計画理論の実践例を検討する。

　10章では，これまで紹介した地域や居住関連諸概念を総合し，韓国の貧困コミュニティにおける地域再生に向けた実践を紹介する。

　最後に11章は，複合的居住支援による居住困窮層支援の新たな方向の模索を題目に，居住困窮状態の捉え方や社会的排除と居住貧困との関連性を紹介する。そして，これまで当該問題に対応した施策として，住宅政策や近年新たに注目されている居住福祉論について紹介する。なお，複合的な居住支援に関する欧米モデルを紹介し，それに関する居住支援の実践等について述べる。近年，空き家問題への対応が注目される中，居住関連サービスを必要としている社会的弱者（住宅確保要配慮者）への支援活動を行っている団体について，「居住支援型社会的企業」という新たな取り組みとして紹介する。

　以上の3部構成からなる本書により，読者のみなさんとともに「包摂型社会」を展望し，「包摂都市」への実践に向けた糸口を探る契機となることを期待する。

目　次

はじめに

I部　プロセスとしての貧困

01章　社会的排除論の成立背景
1　福祉国家の形成と性格 003
2　福祉国家の危機と新しい貧困から社会的排除へ 005

02章　社会的排除の意味と市民権
1　社会的排除概念の形成と意味 007
2　関連概念の比較考察 009
3　社会的排除アプローチの多次元性 011
4　社会的排除のパラダイム 014
5　社会的排除と市民権 016
6　参加的市民権概念の脱構築 018

II部　社会的排除と居住

03章　居住分野における社会的排除の性質：社会的排除の言説と居住政策
1　居住領域における社会的排除言説 027
2　居住問題における社会的排除の特質 029
3　居住問題に対する地域包括的なアプローチの重要性 031

04章　住居と社会的排除
1　住居と社会的排除との関係と特質 032

2　社会的排除の原因としての居住貧困 ･････････････････････････････ 034
　　3　適切な住居や関連サービスからの排除による居住貧困 ････････････ 036
　　4　社会的排除の結果としての居住貧困 ･････････････････････････････ 037
　　5　複合的アプローチによる社会的排除への対応 ････････････････････ 038

05章　地域と社会的排除
　　1　社会的排除における地域の役割 ･････････････････････････････････ 042
　　2　「地域効果（Area Effects）」をめぐる議論 ････････････････････････ 043
　　3　剥奪された社会的不利地域における地域効果のメカニズム ･･･････ 047
　　4　社会的不利地域への再生プログラムから包摂型社会を築く ･･･････ 054

III部　包摂都市に向けた理論と実践

06章　多文化コミュニティワークによるコミュニティの再興
　　1　災害と社会的脆弱性 ･･･ 061
　　2　東北3県の在住外国人の現状 ･･･････････････････････････････････ 062
　　3　被災外国籍住民の素顔 ･･･ 064
　　4　東北型多文化共生とは何か ･････････････････････････････････････ 070
　　5　外国人への支援と外国人による支援を乗り越えて ････････････････ 072
　　6　外国籍住民や災害弱者と共に生きるコミュニティ防災を考える ･･･ 073

07章　コリアンコミュニティの地域再生と居住支援
　　1　コリアンコミュニティと社会的不利 ･････････････････････････････ 075
　　2　本章で対象とする地域 ･･･ 077
　　3　在日コリアンコミュニティの形成過程 ･･･････････････････････････ 079
　　4　都市部におけるコリアンコミュニティ ･･･････････････････････････ 082
　　5　在日コリアンコミュニティの生活運営 ･･･････････････････････････ 085
　　6　コリアンコミュニティの現状と課題 ･････････････････････････････ 091
　　7　コリアンコミュニティの地域再生に向けて ･･･････････････････････ 095
　　8　地域再生に向けて ･･･ 095

08章　都市部落の高齢居住者の生活から見るプロセスとしての貧困
　　　　：同和地区のまちづくりと社会的包摂

1　同和地区と社会的不利 ……………………………………… 097
2　浅香地区の概要 ……………………………………………… 099
3　住民の基本属性 ……………………………………………… 100
4　住まいについて ……………………………………………… 101
5　インクルーシブなまちづくりに向けて …………………… 104

09章　南の世界のスラム再生と社会的包摂

1　スラムという不利地域 ……………………………………… 108
2　スラム再生を取り巻く政策展開 …………………………… 109
3　包摂的な地域再生に向けた社会開発論的アプローチ …… 113
4　スラム再生の計画理論の実践例 …………………………… 115
5　スラム再生を支援する制度的環境の整備へ ……………… 118

10章　貧困コミュニティにおける社会的排除とコミュニティ開発
　　　　：韓国の貧困コミュニティからの実践を中心に

1　韓国における貧困層居住地と施策展開 …………………… 123
2　社会的排除アプローチの登場 ……………………………… 125
3　剥奪された地域の再生に向けた社会開発アプローチ …… 126
4　排除に向けた貧困コミュニティの対応と展開 …………… 132
5　コミュニティに根付いた自助開発型コミュニティ参加 … 136
6　参加型のコミュニティ開発の展開 ………………………… 140
7　排除に抗するための生産主義的な地域再生の戦略に向けて … 142

11章　複合的居住支援による居住困窮層支援の新たな方向の模索

1　居住困窮層への支援に向けた課題 ………………………… 149
2　居住困窮状態の捉え方 ……………………………………… 150
3　社会的排除と居住貧困との結びつき ……………………… 150
4　複合的な居住支援に関する欧米モデルの紹介 …………… 153
5　複合的な居住支援の実践 …………………………………… 157
6　日韓における居住困窮層支援施策の比較 ………………… 160

7　居住支援型社会的企業の新たな挑戦を展望する ―――――――― 166

おわりに
文献一覧
事項索引

I部　プロセスとしての貧困

01章 社会的排除論の成立背景

1 | 福祉国家の形成と性格

　福祉国家という用語は，1930年代末のイギリスにおいて，当時のいわゆる「権力国家」としての全体主義国家との対照を強調するために，A. Zimmernが造語として創出したものである。この言葉は1941年のW. Templeの『市民と聖職者』の中で初めて活字となり，1942年の『ベヴァリッジ報告』によって，イギリスにおいてより広い含意と普及を得たとされている（伊藤, 1996）。一般には国家介入による資本主義的市場システムの制御が広く社会の政治的社会的コンセンサス上に成り立つ国家を福祉国家と呼ぶ。

　社会科学においては，社会政策と福祉国家に関する大きな研究対象が存在する。まずひとつは「社会政策的アプローチ」であり，特定の政策がどのように社会保障，住宅，健康と教育等の分野において開発され作動されるのかを追及しながら社会政策の実態について焦点を当てるものである。イギリスの社会行政学派（The British Social Administration School）はそのようなアプローチとして最も知られているグループである。もうひとつのアプローチとして，「政治経済学的アプローチ」が挙げられる。この場合，福祉国家を見る方法として，福祉政策が権力，所得の分配と生の機会をどのように変更させることができるかに最も関心を払っている。言い換えると，福祉と関連した政策と制度は広範囲な社会的・経済的文脈内におかれているということである。両方とも意義を持っているが，特に政治経済学的アプローチの方がいくつかの理由によって，現在の状況に対し，より相応しい観点を提供してくれる。それには2つの理由を挙げることができるが，第一に社会政策を単なる給与やサービス等のような手段の複合としてのみではなく，社会構造に対する政策的結果の重要性を説明

するという広義的な意味で社会政策を見ているためである。第二に，長らく福祉国家政策において主な対象になってきた国家間の変化を確認し説明する上で常に比較的視点を持っていたためである。それは基本的に福祉国家の類型化に対する試みを導くものであり，そのような類型化に対する関心は急速に増加している。その中で何よりも大きな関心を集めているのは，福祉国家相互における類似点や違いに関してである（Daly, 1999）。

例えば，G. Esping-Andersen（1990）は，そのような福祉国家モデルの類型化に関する関心をより高めた。Esping-Andersenによる現代福祉国家は，3つの基準，つまり市場に対する依存を弱化させることにより脱商品化された個人に対するキャパシティ，社会的階層化効果，そして国家-市場関係の構成に基づいて各々差別化される。Esping-Andersenは，給付の相対的寛大性，受給者の平均的な給付の不平等性，給付受給のいくつかの優先的な条件，福祉国家を支配する権力関係，特権階層の多少等を把握することを通じ，上記のような3つの基準を構成したのである。Esping-Andersenは，それらに基づいて3つの福祉国家レジームのクラスターを区分けしている。「自由主義」，「コーポラティズム」，「社会民主主義」レジームがそれである。「自由主義的な福祉国家」では，資力調査（ミーンズテスト）付きの扶助，最低限の社会保険プランが見られる。また，一般的に給付の水準は最低限のものであり，国家は市場の活性化を志向している。そして民間の福祉制度に積極的に補助金を出す場合もある。その結果，脱商品化効果が最小限となり，一連の社会権は実質的に抑制される。このモデルに属する類型としてEsping-Andersenが挙げているのは，アメリカ，カナダ，オーストラリアである。次に，第二のレジームの類型は，保守主義的あるいは強度に「コーポラティズム的」な福祉国家であり，オーストリア，フランス，ドイツ，イタリアなどのクラスターが挙げられる。その特質は，職業的地位の格差が維持され，諸権利は，階級や職業的地位に付随するものと見なされることである。したがって，国家は地位上の格差を維持することに重点を置くため，再分配的な効果はあまり認められない。教会の影響が強く，伝統的な家族制度の維持に大きな努力を払うなど，階層化システムは典型的な保守的かつコーポラティズム的な性質を持つ。最後に，普遍主義の原理と社会権の脱商品化が新中間階級までその効果を及ぼしている「社会民主主義」

レジームを取り上げており，スカンジナビア諸国がそれに該当するとされている。給付水準は，脱商品化の効果が高い普遍主義的なプログラムになっており，高度の給付の平等を見せている（Esping-Andersen, 1990: 和訳, 2001）。

しかしEsping-Andersenの研究では，南ヨーロッパ国家を相対的に軽視している点が否めず，一部の研究者は上記のEsping-Andersenのアイデアに基づき，4つ目の弁別的なレジームとして南部福祉レジームを提示した。それは，福祉的サポートの供給において市民社会（教会，家族と民間の慈善組織）に強く依存している特徴を持つという意味では大陸モデルである保守主義レジームに類似しているが，国家介入の伝統が弱いか無視できるほど少ないという点で異なると紹介されている（Edgar et al., 1999; Daly, 1999）。

その後，福祉国家のレジームに関する関心は高まってきており，欧米諸国のみならずアジアや南米においても上記のような議論に基づいた様々な福祉資本主義のモデルの検討や福祉システムから見た国家システムへの究明がなされている（宇佐見編, 2001; 2003）。

2 │ 福祉国家の危機と新しい貧困から社会的排除へ

1970年代以降の経済成長の停滞と財政危機の到来によって，多くの先進資本主義諸国において「福祉見直し論」や「小さな政府論」が勢いを増し，さらに，それに対応する形で，「福祉国家の危機」論が展開された。こうした福祉国家の危機は，1970年代以降の先進資本主義諸国が経験してきた急激な経済的，社会的，政治的変化に関連しており，このような危機と変化は，原則的に変化に対する2つの主な外生的な力によって影響されてきた。すなわち，「経済的な再構造化」と「社会人口学的な変化」である。

経済的な変化は，グローバリゼーションという最近の経済・社会・文化的な現象の影響を反映している。それらは，脱工業化とサービス経済の出現，自動化とコンピューターに関連する技術的な変化，予測できなかった持続的かつ高度の失業，長期失業水準の増加，租税基盤の減少，また，富めるものと持たざるものとの所得ギャップの増加によってもたらされた不平等による「社会的二極化（social polarization）」の過程等から現れている。

社会人口学的な変化は，出生率の減少，人口の高齢化，離婚率の増加，晩婚，多くの子どもを持たないカップルや，ひとり親家庭の増加，就業女性割合の増加，男性稼得層に基づいた「伝統的な」家族の衰退，そして移民と難民の増加等が挙げられる。

　以上のような経済的・社会人口学的な変化が及ぼした全体的な影響は，労働力の柔軟化と社会的二極化の拡大である。それに従い，近年の政策や理論的な論争はこれらの変化の影響を凝縮させる概念として「社会的排除（social exclusion）」が使用されることとなった。あらゆる国家は多かれ少なかれ社会的排除を経験しており，それによって社会の構成員は労働や住宅市場へのアクセスを拒否されるか，それらから排除される。また，市民権においても社会への完全な参加から排除されることがある（Edgar et al, 2000）。

02章　社会的排除の意味と市民権

　それでは上記のように福祉国家の危機の到来と共により一層注目され始め，対応を迫られるようになった「社会的排除」概念について，その歴史的な展開や含意について考察してみることにしたい。また，T. H. Marshallが市民権の拡大という観点から福祉国家の発展を考察している市民権理論（Marshall and Bottomore, 1992: 和訳, 1993; 伊藤, 1996）に関して「社会的排除」への対応という観点で考察を行ってみることにしたい。

1｜社会的排除概念の形成と意味

　社会的排除は，欧米諸国を中心に既存の貧困概念では説明されがたい新しい貧困問題の登場に対応し，それらを分析して対策を打ち立てるための有効な概念として開発されてきた。新たな貧困問題としては，先に述べたように経済的な変化や産業再編に伴う高度の失業率，長期失業者の増加，貧富格差の拡大等によってもたらされた社会的二極化（social polarization）の深化や，人口の高齢化，伝統的な家族形態の崩壊など社会人口学的な変化を挙げることができよう。また，その両方に相当する複合的な要因による代表的な問題としてホームレスの急増問題も含まれる。
　しかし，このような問題の社会的排除への同定にもかかわらず，その概念的な曖昧さがよく指摘される。以下では，社会的排除概念が展開されてきた背景について考察を行った上で，社会的排除という用語が有する概念の含意や有効性について調べてみることにする。
　排除概念が社会的に適用されるようになったきっかけはフランスのChirac政府の官僚であったR. Lenoirによるところが大きい。彼は，1974年に刊行した『排除された人々（Les exclus）』という著述の中で，排除された人々（the

excluded）が当時フランス人口のおよそ10％に及んでいると述べている。さらに，そのように排除された人々とは，当時の社会保障によって保護されなかったひとり親家庭や障がい者，児童虐待，薬物濫用，非行者等のような社会的な弱者層によって構成されると言及している（Silver, 1994）。その後，1980年代半ばには社会的不利（social disadvantage）の範疇が追加されるにつれて，1980年代には，フランスだけではなくヨーロッパにもその用語は広範囲に通用されるようになる。それに従い，単なる雇用問題だけではなく家族生活の衰退によってもたらされる社会的関係の不安定性の増加や，労働組合の後退に伴う階級連帯の弛緩についても扱うことになった。

　一方イギリスでは，P. Townsendが相対的な剥奪の客観的な状態として貧困を再定義したが，それについて彼は，「社会の正常的な生活に参加するための十分な資源が欠乏している人々の水準」であると述べ，貧困の関係的な概念に注目している（Townsend, 1979）。Townsendは「社会的排除」という用語を直接的に使用することはなかったが，彼の主張の趣旨を理解すると貧困は社会参加からの排除によってもたらされる，というものであった（Levitas, 1998; Spicker, 1998）。

　アメリカでは，アンダークラスに関する議論を中心に展開されたが，不利益を被っているグループに対する憶測的な特徴と行為を強調する点において，非常に異なる様相を示している。社会的排除のプロセスに対する近年の強調の中では，困窮状況そのものに対しアンダークラスに責任があるとされていた初期の主張に対する批判が行われている。G. Roomは，ヨーロッパの反貧困プログラム（1975-80, 1986-89, 1990-94）の中で，社会的排除の概念が開発される過程を追ったが，特に3番目の反貧困プログラムにおいて社会的に不利な状況にいる階層の統合に焦点が当てられたことにより，社会的排除に対する厳密な対応が議論されるようになったと主張している（Room ed., 1995; Marsh and Mullins, 1998）。その後，特にヨーロッパの社会政策に関連して，広く使われるようになり（Byrne, 1999），EUプログラムとそのネットワークを通じ開発され，作動されながら，昨今は各国の社会政策に対する影響力を拡大させているのである（Spicker, 1998; 中村, 2002; 小玉他編著, 2003）。

図表2-1 貧困と社会的排除の概念図

	静態的な結果	動態的なプロセス
所　得	貧困（poverty）	貧困化（impoverishment）
多次元性	剥奪（deprivation）	社会的排除（social exclusion）

出所：Berghman（1995）

2 | 関連概念の比較考察

　ヨーロッパの政策議論において「社会的排除」が採用されるようになると，貧困とは異なる分析的道具として，社会的排除の弁別的な性格を特定するための試みが引き続き行われた。

　例えばJ. Berghmanは，社会的排除に関して，多次元的で動態的な過程であり他の類似の概念である貧困や剥奪とは区別されるものとして定義している（Berghman, 1995）。図表2-1はBerghmanによる「貧困（poverty）」，「剥奪（deprivation）」，「社会的排除（social exclusion）」の各々における概念的な違いを示した表である。それによるとまず既存の「貧困」概念は，可処分所得の有無を基準とした概念であり，静態的な結果に注目しているもので，その動態的なプロセスが「貧困化（impoverishment）」であるとしている。そして，所得概念だけにかかわらず多次元的な指標に着目した「剥奪」という概念が，貧困と同様に静態的な結果に注目しているのに対し，「社会的排除」は多次元性に着目しながら動態的なプロセスに注目していると言う点で，他の諸概念とは区別されると述べている。

　また社会的排除は，貧困に関する議論の中で「分配的問題」から「関係的問題」への焦点の変化を意味している（Room, 1995a; 1995b; 1999; Kempen, 2002）。したがって，社会的排除とは「関係的用語（relational terms）」であり，その関係の範囲においては，狭義的，そして広義的な概念に分けて考えることができる。狭義的な関係性としては，個人間の関係や集団間の関係，または個人と集団間の関係を言うことができる。しかし，より本質的には，広義的な関係性が注目され，つまり社会的排除は経済的，社会的，そして政治的プロセスや制度など，様々なメカニズムによって生み出されるとみているのである。その関係

図表2-2 社会的排除の関係性の概念図

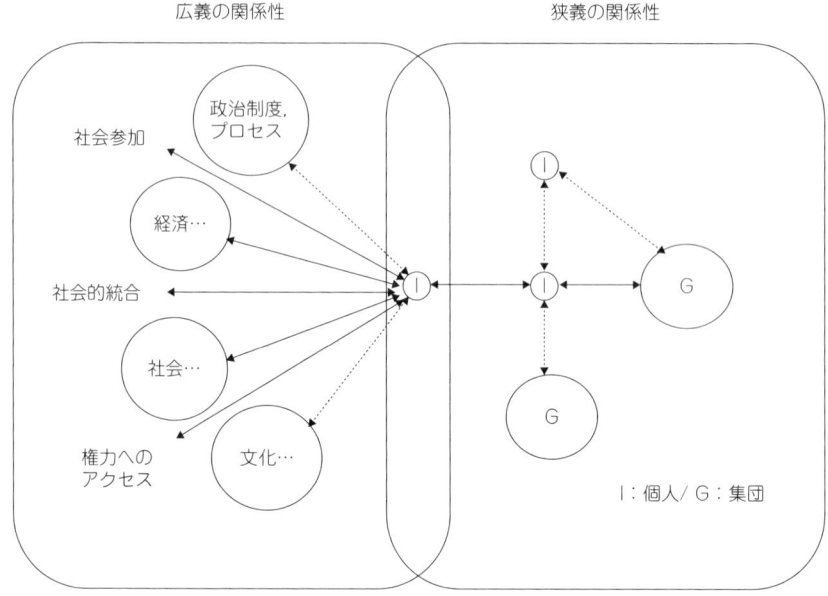

＊点線と実線は，関係性の程度を示す

性の適切さ，あるいは有無の結果によって様々な側面において社会的に排除された集団が生まれ得る。Somervilleは，排除された個人や集団が共通的に持っているもので，社会的排除のあらゆるプロセスの核心となることは，公式的な構造や経済，社会，そして国家制度からの社会的疎外と隔離であると述べている（Somerville, 1998）。そこでSomervilleは，社会構造との関係における排除を指摘している。それと同様にRoomは，従来の「貧困」概念は主に「分配の問題」，すなわち，個人あるいは世帯の可処分資産の欠乏に焦点を当てているのに対し，「社会的排除」は，「関係の問題」からなる問題，言い換えれば，不適切な社会参加，社会的統合の欠如と権力の欠如に主に焦点を当てていると述べている（Room, 1995a）。

　Roomは，このような違いの背景には，相互に異なる知的伝統があると述べている。つまり，近代の科学的な形態としての貧困研究は，主に19世紀のアングロサクソン（特に，イギリス）によって作り出されており，そこでは，社会

が市場における競争に属する原子化された個人の集団として見られており，そのための社会政策の目的は，人々が競争的な市場領域で生存できるほどの十分な資源を持つことを保障することであったと述べている。それとは対照的に社会的排除概念は，社会分析の大陸的な（特に，フランス）伝統を持っているとしている。ここでの社会とは，階層的な身分制として，あるいはある広範囲な道徳的秩序に基づく相互的な権利と義務の組み合わせによって結び付けられている数多くの集合体として見られる。そのような解釈によると，社会的排除とは，道徳的秩序と分離されつつあるプロセスであるということもできるのである（Room, 1995a; 1999）。

　上記のような2つの概念的な伝統を総合化するための試みが「社会的排除と戦うための各国政策の観測機構（European Observatory on Polices to Combat Social Exclusion）」によって市民権の社会的権利に関連付ける形でなされた。観測機構は，区別された2つの概念的な伝統を総合化するため，分配・関係双方の意味における社会的排除を調査したのである。それは，一方では，社会のあるグループが主要な社会的・職業的環境や，近代的な社会的市民権概念を形作る福祉制度に対するアクセスから拒否されている程度を評価することであり，他方では，特にそれが時間を経て持続されることにより，それらのグループが脆弱な状態に至るまでの多次元的な不利益の類型を調べることであった。

　以上の議論を総合すると，社会的排除とはそのような主流の社会構造からの参加が閉ざされている，あるいは閉ざされていく「プロセス」であり，その結果，貧困化に結びついていく，「プロセスとしての貧困」に最も注意を払っている概念であると捉えることができる。

3 | 社会的排除アプローチの多次元性

　一方，社会的排除そのものにおいても異なる解釈が存在しているが，それらは各々の政治的な見解の相違による（Pierson, 2002）。例えば，主流社会に対し社会的に排除されている人々の異質性や，それによって表される脅威について最もフォーカスを当てる時，その言葉を使う場合がある。他方，豊かな社会のど真ん中で貧困と社会的な不利益により苦しんでいる人々に最も関心を傾け，

図表2-3　Levitasの社会的排除論の分類

	RED	MUD	SID
特徴	・社会的排除の最も主要な原因として貧困を強調。 ・給付水準の増加を通じた貧困の軽減。 ・無給労働に対応。 ・排除の逆として市民権を設定。 ・社会的,政治的,そして文化的な側面のみではなく,経済的,市民権に関連した問題に対応しており,これは物質的な不平等だけに限らない拡張された不平等の観点を含めている。 ・不平等を生み出す諸プロセスに焦点をあてる。 ・不平等のラジカルな縮小と資源・権力の再配分を含意。	・主流社会から文化的に区別されたものとしてアンダークラスと社会的に排除された人々を表現。 ・全体社会の構造的な問題より貧困者の行為に焦点をあてる。 ・給付体系が受給者の「依存心」を向上させるとみるため否定的。 ・社会的な不平等に対しては無視。 ・青年の怠惰や犯罪,そしてシングルマザー等に対する性別を反映した言説。 ・無給労働は認知されない。 ・たとえ国家に対する依存が問題として見なされたとしても個人の経済的依存性（特に男性に依存する女性と児童）は考慮されない。	・有給労働への参加という意味で社会的排除・包摂に対し狭義の定義を持つ。 ・なぜ失業者が貧困状態に至るのかに対する問いに集中。結果的にREDとは異なり,給付水準の増加を通じた貧困軽減には対応しない。 ・雇用労働者間の不平等に対しては不明瞭。 ・労働市場で女性が不利な状態－男性に比べ低賃金状態,あるいは低賃金職種に就業しがちである－にいるが,このようなジェンダー問題,階級と労働市場での不平等問題に対する観点を欠いている。 ・無給労働の問題に対し適切に対応できない。 ・無給労働とその性別化された分担が無視されるため,女性の総作業負荷の増加をもたらす。

出所：Levitas（1998）より整理

　富と資源に対するより一層の平等を図ってはじめて排除により苦しんでいる人々の困窮が克服されるという意見もある。社会的排除に対するこのような異なる解釈には，R. Levitasによる社会的排除に関する「言説（discourses）」を通じて，3つの異なる解釈の存在があることを確認することができる。それらについて検討してみると，まず，第一に主関心を貧困に払っているイギリスの批判社会政策において開発された「再分配論（redistributionist discourse, RED）」を挙げることができる。第二には，排除された人々の道徳的・行為的な非行を射

程に置く道徳的アンダークラス論（moral underclass discourse, MUD）が挙げられる。最後には，有給労働（paid work）に重点を置く，社会統合論（social integrationist discourse, SID）が挙げられる。

　以上のRED，MUD，SIDの各々の特徴をまとめてみると図表2-3の通りである。

　以上の3つの言説は，それぞれが社会の境界をどのように区切っているのかによって異なっている。つまり，人々を内部者として見ているのか，あるいは外部者として見ているのか，そして包摂はどのようにしてもたらしうるのか，といった問題が重なって見えるのである。REDは，貧困に対する関心から不平等へ，そして本質的には権力や富の再分配を求める市民権的な視点へまで広がっている。MUDは，多くの先駆者を持つ性別的な言説である。その典型的な対象は，社会的な修練の意味として有給労働が必要であるにもかかわらず自ら拒み，犯罪を犯しがちな若年失業者や，性的・社会的に責任能力の無いシングルマザーに向けられている。したがって，それに対する包摂としては，道徳的・文化的な措置が挙げられるのである。SIDは，失業や経済的な活動を行わないことに対して最も焦点を当てており，第一に有給労働への包摂を通じて社会統合あるいは社会的結束を追求している（Levitas, 1998）。

　それでは，社会的排除が社会の各領域においてどのように現れるのかについて，少し詳しく考察してみよう。図表2-4でArthurson and Jacobs（2003）は，社会的排除が起きる領域には様々な過程が存在していることを示している。

　以上で検討したように，社会的排除の概念が持つ有効性をまとめてみると，第一に，社会的排除の概念はダイナミックな特性を持ち，既存の貧困や剥奪等の概念が静態的な貧困に注目しているのに比べ，社会的排除は「プロセスとしての貧困」へ注目していることから動態的な概念としての特徴を持っているということができる。また，諸社会制度との関係性を強調しており，既存の貧困が主に低所得，つまり配分の問題を取り扱っているのに対し，社会的排除は貧困に影響を及ぼす社会的制度やシステム，例えば政治的機会構造（選挙・被選挙権），市民権に関連した社会的サービス（制度と資源）や参加（権利としての参加），社会的交流やネットワークに対するアクセス等，社会のメインストリームからの排除という「関係性の貧困」が現代社会の貧困の特徴であることを指

図表 2-4　社会的排除が明示的に起きる社会的領域

社会の領域	社会的排除はどのように現れるのか？
社会的	●市民権の欠乏 　○最低賃金への権利が保証されていない。 　○教育や健康，他のサービスに対するアクセスが妨げられている。
経済的	●労働市場へのアクセスの欠乏 ●失業により資源や経済活動，社会的行為，特に消費や活動，貯蓄へのアクセスが妨げられる
法的／政治的	●社会の中での民主的意思決定過程へのアクセスの欠乏 ●投票権がない ●コミュニティ組織への不参加 ●効果的なコミュニティ参加を可能にし（enable），促進する（facilitate）構造やプロセスにアクセスする問題を含む
文化的／道徳的	●社会内で伝統的に存在する宗教・言語・民族等に関連する普遍的な文化活動からの排除 ●現代社会における新たな排除 　○仕事に至る有用な経路を与える非公式的な接触や役割モデルに対するアクセスの欠乏がもたらす「コミュニティ効果（community effects）」やネットワークの貧困 　○特定のグループの人々を排除することができる文化商品の開発，象徴的経済

出所：Arthurson and Jacobs（2003）

摘しているのである。

4 ｜ 社会的排除のパラダイム

　Silver（1994）は，社会的排除に対する3つのパラダイムを示し，その概念に関連する意味の複合性や社会的排除が内包している政治的・哲学的コンテクストの多様性を明らかにしている。これらの3つのパラダイム（「連帯〔solidarity〕パラダイム」，「分化〔specialization〕パラダイム」，「独占〔monopoly〕パラダイム」）は，各々異なる要因をもって社会的排除に寄与しており，それらは政治哲学の相違(共和制，リベラリズム，社会民主主義)に基づいているとしている。
　まず，「連帯パラダイム」において社会とは，共有された価値や権利を持つ道徳的コミュニティとして描写され，そこで排除とは，社会と個人間の関係を

結んでいる社会的結束（social bond）が崩壊するときに生ずるという。このパラダイムにおいて排除の対抗軸は統合（integration）であり，またそれを獲得するためのプロセスである。また，このパラダイムにおいて，政治的な伝統である共和制的な意味での市民権の概念には，政治的権利や義務，そして排除された人々の包摂を手助けするための「国家としての義務」が内包されている（Silver, 1994）。

「分化パラダイム」は，アングロ・アメリカン・リベラリズムによって支えられており，排除は，「社会的差別化」，「労働の経済的分化」，そして「領域の分離」の分化の結果としてみなされている。そこでは，市場と社会的集団において分化をもたらす個人の差を仮定しているため，方法論的には個人主義である。したがってリベラリズムでは，自分の利益を持っている自立的な個人とモティヴェーションとの間での自発的な交換のネットワークとして，経済や政治のような社会的秩序が生み出される。市民権における自由主義モデルは，権利と義務の契約に基づいた交換と，社会的生活における私的領域の分離を強調している。したがって，排除は社会領域の不適切な分離，与えられた領域における不適切な規律適用の結果であり，また領域間での自由な移動と交換の際の障壁による結果である。つまり，排除は，異なる社会的領域の存在により，複合的な原因と範囲を持つことになるのである（Silver, 1994）。

以上のような，社会的排除の「連帯パラダイム」と「分化パラダイム」においての弁別的な違いの例としてSilver and Wilkinsonは，フランスとイギリスで実施された社会的排除に戦うための政策を比較した（Silver and Wilkinson, 1995）。とりわけ，両国における社会保障の給付，失業者のためのトレーニング・プログラム，経済政策や地域に基づいた都市政策プログラムについて比較を行い大きな相違点を見出している。例えば，フランスの場合，共和制的なイデオロギーである連帯主義（Solidarisme）の延長で，長期失業者や貧困の急増のような問題に対し，「社会的排除」の明示，あるいは「社会的結束の崩壊」として解釈している。したがって，それらに対する新たなフランスの政策は，「参入（insertion）」，「統合（integration）」，「結合（cohesion）」を目的として取り組んでいるのである[6]。それに対し，イギリスの場合，アカデミック界等はともかく，社会政策の言説においては，「長期間の依存（long-term "dependency"）」，

「新しい貧困（new poverty）」，そして「アンダークラス（underclass）」のような用語が使われており，それらに対する対応においても「自立（self-reliance）」，「企業（enterprise）」，「機会（opportunity）」，「市民権（citizenship）」，「パートナーシップ」，そして「コミュニティ」等の観点からアプローチしている（Silver and Wilkinson, 1995），と両者を比較して紹介している。

　最後に3つ目のパラダイムは，ヨーロッパの左派に影響力を発揮している「独占パラダイム」である。このパラダイムでは，排除を集団の独占の結果として見ている。また「独占パラダイム」では，政治思想的にはMax Weberを中心に，そしてKarl Heinrich Marxからもある程度の影響を受けており，社会的秩序を階層的な権力関係（hierarchical power relations）の構築を通じて強制的に課されたものとしてみている。そのような思想を受け継いでいる社会民主主義的，あるいは葛藤理論では，排除は，階級，地位，あるいは政治的権力の相互作用によってもたらされ，包摂された人々の利益に寄与するのである（Silver, 1994）。そのように「独占パラダイム」における排除の概念は，WeberとMarxによって影響を受け，そして，社会的閉鎖（social closure），社会的階級（social class）や従属（subordination）の概念に焦点を当てることになる。排除は，市民権（citizenship），平等なメンバーシップ（equal membership），そして完全な参加（full participation）を前に戦うこととなる。以上の内容をまとめてみると図表2-5の通りである。

5｜社会的排除と市民権

　Walker and Walker（1997）は，貧困をイギリス社会に参加するために必要な物質的資源，特に収入の欠乏と述べ，社会的排除についてはより広く，複合的な意味として「社会的統合を決定する社会的，経済的，政治的，そして文化的な体系から全体的に，あるいは部分的に閉鎖されているダイナミックなプロセスに関すること」であると定義付けている。したがって，「社会的排除は，市民権の市民的，政治的，そして社会的権利の否定（非実在）として現れる」のであると述べている（Walker & Walker, 1997）。上記でも取り上げたようにLevitas（1998）は，社会的排除に対応する政策目標を提供する競合的な言説を，

図表2-5　社会的排除の3つのパラダイム（Three paradigms of social exclusion）

	連帯（solidarity）	分化（specialization）	独占（monopoly）
社会的排除の原因	・集合的価値の衰退 ・個人と社会間の結束の崩壊	・自発的交換（voluntary exchanges）への障壁	・階層階級によって資源へのアクセスが異なる
統合の概念	・社会連帯/文化的バウンダリー ・公的な制度の重要性	・権利と契約における義務 ・制限された公共介入の重要性	・平等な市民権の拡大 ・コミュニティにおける参加
解　決　策	・国家的連帯に対する個人の権利や責任 ・公共の制度の重要性	・契約的意味での権利や責任 ・公共介入の制限が重要	・平等な市民権の拡張 ・コミュニティへの参加
伝　　　統	・フランス共和主義 ・ルソー，デュルケム	・アングロ・アメリカン・リベラリズム ・自由主義（新自由主義） ・ソーシャル（共同体主義）リベラリズム	・社会民主主義(European left) ・ウェーバー，マルクス，マーシャル
言　　　説	・排　　除	・差別，アンダークラス	・新貧困，不平等，アンダークラス

出所：Silver, H.（1994）；Arthurson, K & K. Jacobs（2003）より再構成

①再分配論（RED），②道徳的アンダークラス論（MUD），③社会統合論（SID）等の3つに区分した。その中で，とりわけREDは，貧困と排除の主な原因として完全な市民権の欠如を強調しており，その意味で「不平等のラディカルな縮小と資源と権力の再分配」を含意していると述べている（Levitas, 1998; Watt & Jacobs, 2000）。以上のように，多くの論者は，社会的排除を市民権との関連において捉えようとしている。また，先述したように，「社会的排除と戦うための各国政策の観測機構（European Observatory on Polices to Combat Social Exclusion）」ではイギリスにおける「貧困」概念の伝統とフランスにおける「排除」概念の伝統とを，Marshallの流れを汲むシティズンシップによって総合しようとしたのである（中村, 2002）。下記では，以上のように社会的排除との関連で大きく取り上げている市民権概念について，その内容と展開，また課題等についても検討を行い，社会的排除との関連で「市民権概念」の再構築を考えてみたい。

　市民権は，1950年代に市民的，政治的，社会的要素を統合したMarshallの市

図表 2-6　Marshallの市民権の発展図式

	市民的権利	政治的権利	社会的権利
形成時期	18世紀	19世紀	20世紀
主要原理	個人的権利	政治的権利	社会福祉的権利
主な権利の内容	身体の自由 言論・出版の自由 思想・信条の自由 所有権 契約の自由 裁判権	選挙権 被選挙権 公務につく権利	教育を受ける権利 労働の権利 経済的福祉への権利 最低限の文化的な生活を営む権利
関連する制度	法廷	議院・地方議会	教育システムと社会的サービス
平等の意味	法の下の平等（形式的平等）		実質的平等

出所：Marshall and Bottomore（和訳, 1993）；伊藤（1996）を再構成

民権モデルより大きな影響を受け，その後社会的排除の反義語として使用されることになった概念である。Marshallは，市民権（citizenship）の3つの部分ないし構成要素について市民的権利（civil rights），政治的権利（political rights），社会的権利（social rights）を挙げている。その中で市民的権利とは，個人の自由のために求められる諸権利からなっており，人身の自由，言論・思想・信条の自由，財産を所有し正当な契約を結ぶ権利，裁判に訴える権利などをいう。また，政治的権利とは，政治的権威を認められた団体の成員として，あるいはそうした団体の成員を選挙する者として，政治権力の行使に参加する権利を意味している。最後に社会的権利とは，経済的福祉と安全の最小限を請求する権利から始まり，社会的財産を完全に分かち合う権利や，社会の標準的な水準に照らして文明市民としての生活を送る権利に至るまでの，広範囲に渡る諸権利のことを意味すると述べている（Marshall & Bottomore, 1992: 和訳, 1993）。以上のことをまとめたのが図表2-6である。

6｜参加的市民権概念の脱構築

このようなMarshallの市民権理論は，市民権の拡大という観点から福祉国家の発展を考察しているものの，それが特に戦後の福祉国家の基礎理念を形成し

ていたことから「福祉国家の市民権モデル」とも呼ばれている（伊藤, 1996）。
　しかし，このような市民権概念においても，先述したように1970年代の多くの先進資本主義諸国における経済成長の停滞と経済不況が長引くにつれ，市民権の理念に大きな疑問が出されることになる。伊藤（1996）は，そのような意味で疑問に逢着した市民権モデルの問題点と限界を挙げ，それに取って代わる新しい市民権モデルについて下記のように提示している。
　まず，市民権モデルの問題点は，第一に，社会的権利を市民権の重要な要素として位置づけた点にあるとする。つまり，他の市民的，政治的権利は「国家をコントロールする権利」であるのに対して，社会権は「国家によって保障される給付への要求」であるとし，それは国家の経済的な基盤の相違によって，社会権の保障に相違が生じうることから，市民権の普遍性という面において限界を持っているという。第二に，スティグマの問題がある。福祉権の主体である人々は社会的に不利な立場にあり，「役人とかかわり合うことへの嫌悪，申請を拒絶されることへの怖れ，諸権利が現実にどのようなものであるか及び申請に伴う手続きについての無知」等といった能力に欠けている場合が多いため，それらの人々を市民権の享有主体であるとしただけでは，スティグマは残存しうる。第三に，現代社会の中での社会権の既得権化の問題がある。人々は自らの利益や要求をできるだけ貫徹させるために，他人と結束し，各種の圧力団体に結集することになる。しかし，その結果，集団への有効なアクセスの手段を持ち得ない人々は，社会権を行使することで得られる利益を享受できない可能性が出てくる。第四に，参加的市民権の理念が薄れ，受動的な受給資格という側面が強調されたことである。つまり，福祉国家の市民権モデルが「積極的な参加の平等を犠牲にして，受動的な受給資格の平等を強調した」のは，社会権の付与が「権力」の付与を意味するものではなく，福祉国家の管理者や専門家の特権を脅かすものでもなかったからだという指摘もある。第五に，国民国家を前提とすることで，社会サービスの受給者を国民に限定することを正当化する問題である。
　以上のような問題点や限界を持っている福祉国家の市民権モデルを修正，再構築することで，新しい市民権モデルを提示することができるのだが，それは下記の3つの内容を核としている。

第一に,「参加的市民権」の理念が復権される必要がある。福祉国家の市民権モデルの想定する市民像は,受動的な社会サービスの受給者であり,その受給資格に重点がおかれている。しかし,参加的市民権では,市民とは,単なる社会サービスの利用者,受給者ではなく,積極的な行為主体であり,計画の全過程,さらには,立法過程にも積極的に参加する主体としての存在である。それは,自らのニーズを最もよく知りうるのは専門家でもなく,「当事者」であるという前提がある。当事者は何らかの援助と訓練があれば,「選択」や「自己決定」が可能であると考えられる[7]。第二に,市民権の構成要素をなしている社会権は,単に社会サービスを要求し,受給する権利に留まらず,サービスを利用しつつ,個人の自律性を実現し,「自己決定」,「自己実現」を保障するための権利として位置づけられるべきである。第三に,実質的な「参加の権利」や「手続き的権利」が包摂されるべきである。市民権の理念に含まれている地位の平等は,個々人の生活に影響を与えている社会サービスの計画や決定への参加,立法過程や行政過程への批判の権利を当然ながら含めている。したがって,市民権の理念には,手続的権利や参加の権利の制度が求められる（伊藤,1996）。

　B. Jordanも,社会的排除について,それは社会全体の権力不均衡により伴う現象であり,各々の市民の市場や政治に対する参加が,現実生活においてどのように実現されているのかが社会的排除を図る基準になると述べている（Jordan, 1996）。つまり,対人サービスの不足と様々な制度的参加からの制限による個人の心理的状態と家族間の関係が,社会権に基づいた社会的排除分析の基礎であるとしている。

　B. Turner (1986) も,市民権を社会参加という側面に基づいて定義づけている。つまり,市民権とは,本質的に社会の希少な資源にアクセスする問題であると共に,そのような資源の享有と分配に参加する問題に関係しているのである。Turnerは,外部者を福祉や他の社会的ベネフィットから排除し内部者に限ってそのような権利が享有されるように保護する様々な形態の社会的閉鎖によって市民権が規定されるため,市民権の拡張とは,本質的に外部集団が社会の領域に上手く進入するための一定の闘争形態を伴うとしている。

　しかし,社会的排除が持っているそのような多様性にもかかわらず,EUを

図表2-7　シティズンシップにおける新たな市民権モデルの概念図

中心として、社会的排除に対する公式的な対応では、限定された意味での社会権概念に基づいた社会的結合と市民個々人の社会的権利の保障を強調しているのも垣間見られる。言い換えれば、社会的排除への対応において公式的な舞台で合意を得たのは社会権の実現であるといえるのである。

　以上で概括したように、社会的排除論は1970年代以降の経済成長の停滞や財政危機に伴って、多くの先進資本主義諸国で注目を浴びることとなった「福祉見直し論」や「小さな政府論」などに端を発した「福祉国家の危機」から展開され始めた。そうした「福祉国家の危機」は、先述したように「経済的な二極化」や「社会人口学的な変化」によってもたらされ、それらによる変化の影響を凝縮させる概念として「社会的排除」概念が広がるようになったのである。しかし、一部の論者たちは（例えば, Berghman, 1995; Levitas, 1998; Marsh and Mullins, 1998）、ヨーロッパ共同体内の政治家たちが、1980年代後半に社会的排除の用語をメインストリームの政策課題として採択したのは、その用語が持つ曖昧さのためであると指摘している。要するに、その概念に対する厳密さ無しに、政治家たちが戦略的にその概念を使わせるようにしたということである。しかし、その一方では、上記で詳述したようにSilver（1994）とLevitas（1998）は、貧困に対応するにあたりより広範囲なコミットメントを社会的排除戦略から導くことができると強調している。

　もう一度まとめてみると、社会的排除は、既存の「貧困」や「剥奪」等の概念とは異なるダイナミックな概念であり、その意味で貧困の結果だけに留まるのではなく、「プロセスとしての貧困」に注目するところに特徴がある。そして、社会的排除は、基本的に「関係的な概念」であり、とりわけ社会の諸制度との関係性を強調している。そのような点で既存の貧困概念が主に低所得、つまり再分配の問題を取り扱っているのとは異なっている。要するに、社会的排除は貧困に影響を及ぼすメインストリームの社会的制度やシステムからの排除

という「関係性の貧困」と，その結果貧困化に結びついていく「プロセスとしての貧困」の問題が現代社会の貧困の特徴であることを指摘しているのである。そのような意味において社会的排除はMarshallによって考案された市民権概念と関連して考えられるのであるが，その市民権のモデルも，現代の福祉国家の危機と絡み合う中で，概念の積極性が失われ，限定的な意味での受動的社会権として希釈化されているのが現状である。したがって，市民権モデルを参加的市民権モデルとして再構築していくことは社会的排除から社会的包摂を果たすプロセスにも相通じることなのである（図表2-7参照）。

なお，政策領域においても社会的排除は，政府のサービス・デリバリーという面で，過去と比べより総合的かつ包括的な政策をもって対応できるような，新たなアプローチを正当化するために使われている。とりわけ社会的排除概念における学際的な性質は，総合的な政策課題の構築，そして政府との「パートナーシップ」や「提携（joined up）」のような政策決定における現代的な言説に適切に調和する方向へと導いている。また，そのためには基本的に専門家を始め，政治的，経済的文化においても主要な変化が求められるようになる。つまり，メインストリームの社会の方の主体や制度側の変化を促すこととなるという点で，新たな「包摂型社会」のアイデアが浮かび上がるのである。

〔註〕
1）都留（2002）によると「排除」概念は，フランス人の社会心理に合致する用語であって，それは19世紀末にフランスが生んだ社会学者であるDurkheim社会学の社会システム論と社会統合論の影響と思われると述べている。そのため，社会・経済状況の分析に「排除」を用いることを批判するものはDurkheim社会学に疑義を呈する場合が多いようである。Durkheimによると，近代社会，または国（nation）のあるべき姿は「有機的な連帯（solidarité organique）」または「社会的紐帯（lien social）」で結ばれた社会であり，そのためには各個人が社会のそれぞれの領域でその機能の不可欠な要素（有用なもの）として参加していなければならないとしている。その影響により，フランスでは社会諸施策の評価基準のひとつとして，「社会への帰属」，「社会的結合」の如何が問われてきたのである（都留, 2000; 2002）。
2）社会的連帯主義を強調しているフランスの場合，個人と社会間の「連帯」が崩壊した排除現象そのものを重視しており，イギリス・アングロサクソン系の自由主義価値を重視している国家では，排除をアンダークラスの延長線上で考えていることに対し，公平な「機会」の提供を排除の克服方法として認識している。そして，スウェーデンのような社会民主主義のイデオロギーを重視している国家では，「不平等」を社会的排除の重要項目として評価している。都留は，フランスでは「社会的排除 Exclusion Sociale」よりも「排除 Exclusion」

が通常であり，前者はEU絡みの政策において，そしてより限定的に使用されていると述べている（都留, 2002）。
3） Spicker（1998）はTownsendの主張をまた4つに分けて解釈している。すなわち，第一にTownsendは貧困を資源の欠乏の結果としてみた。第二にそれに関連した標準は社会的に決定される。第三に貧困の結果，人々が社会に参加することが妨げられる。そして最後に，それは排除の形で現れるというように解釈し，Townsendの貧困概念における関係的性質の特徴を提示している。
4） 1番目のヨーロッパ反貧困プログラム（1975-80）では，貧困と反貧困政策に関する9カ国の報告書が刊行されることになり，いくつかの国ではそれによって新たな国家的な論争に拍車をかけることになった。2番目の反貧困プログラム（1986-89）においては，各国における低所得層に関する比較データを作るため，世帯家計調査（household budget surveys）の活用に関連した各国の統計事務所との論議が始まった。3番目のプログラム（1990-94）では，社会的排除と闘うための政策に関する，いわゆる「観測機構（Observatory）」と呼ばれるものが設立された。また，比較国家研究のための利用可能なデータが向上されるようになってきた。欧州委員会（European Commission）の統計事務所であるEUROSTATは国家社会統計（世帯調査に関連した）の役割を増大した。ECは，貧困への進入と脱出に関する世帯の動きを調べるための強力な手段を提供するEC世帯パネル調査（European Community Household Panel Survey）を始めた。17カ国以上から比較可能な40余りのマイクロデータを収集することによって，このプロジェクトは世帯所得と社会的保護と租税政策に対する比較国家研究のための国際的な基準を提供した。これらのプログラムの進行過程では，社会的不利（disadvantage）という用語の含意も多様化された。「貧困（poverty）」は，1番目と2番目のプログラムにおいて中心的な地位を示していたが，それと対照的に3番目のプログラムでは「最も不利な状況に晒されている人々（least privileged）」の統合と関連付けられた。その際に，そのプログラムは事実上「社会的排除」という用語として出発することになったのである（Room, 1995a; 1995b）。
5） 一方，貧困概念に取って代わるものとして「社会的排除」が合意を得ることになった政治的な背景には，EU加盟国家の中では自国の「貧困」問題の存在を認めることを留保したがる認識があったことがひとつの背景になっている（Berghman, 1995）。
6） 都留は，フランスの経済社会開発十次プラン（Xème Plan）の報告書である『排除された人々と排除（Exclus et exclusions）』（通称ナス・レポート）を引き合いに，そのレポートの中での排除概念について紹介している。つまり，「排除はマクロ社会の位相では「社会的結合（cohésion sociale）」が欠如している状況であり，個々人のレベルでの現象としては「参入（insertion）」と「統合（intégration）」の欠如の結果をいう」とし，結合概念はマクロ社会で，デュルケムのいうところの「有機的な連帯（solidarité organique）」が形成されている状況であり，この連帯によって社会が統一したひとつの単位として形成されていることを指すとしている。そして，再度社会的結合が果たされるためには，個人のレベルでは「参入」がその前提条件であり，そこで「参入とは，社会のそれぞれの場面で他者の間，あるいは他者の側に自分の居場所を形成する行為，例えば職業分野では雇用の場を確保していることである」と述べている。また，「統合」は，「「移民の統合」という場合のように，主として文化の領域の概念である」としており，統合とは他者との関係性を言うことであると各々の用語を紹介している（都留, 2000）。

7) 当該のリアリティの持ち主である当事者が自らのリアリティを見つめ直すことから現状を知り，問題点を自ら分析，計画，実践していけるようなプロセスを共有する方法として，コミュニティ開発や保健計画分野においては，いくつかの実践的な方法が開発されている。その中でも，「RRA」（速成農村調査法，Rapid Rural Appraisal），「PRA」（主体的参加型農村調査法，Participatory Rural Appraisal），そして「PLA」（参加による学習と行動，Participatory Learning and Action）等が代表例として取り上げられている。このような調査方法論についての実践的な入門書としては以下のようなものが挙げられる。Chambers（1997）は，同著者のRural Development: Putting the Last First（Longman Scientific & Technical, 1983.『第三世界の農村開発　貧困の開発——私たちにできること』）に続く著書であり，特に第6章でこれまでの参加型調査方法の潮流と問題意識の中核なるものを紹介している。RRAとPRAとの概念や手法の比較，PRAに至るまでの方法論的な源泉については，Chambers（1994）を，またPLAについては，プロジェクトPLA編（2000）が参考になる。

II部　社会的排除と居住

03章 居住分野における社会的排除の性質
：社会的排除の言説と居住政策

1 │ 居住領域における社会的排除言説

　02章では，既存の貧困概念では捉えがたい新たな貧困現象について，貧困概念の再構築という意味での社会的排除の意義や，その概念の含意を中心に検討した。既に詳述したとおり，社会的排除の概念の持つ特質は，その概念が関係的な側面を中心的に捉えており，貧困をもたらす多次元的で複合的な影響関係について注目していることであった。産業構造の再編などのようなマクロ的な要因や，単身世帯の増加，高齢化などのような人口構造の変化から見られるミクロ的な変化は，貧困に関する新たな対応戦略を求めており，貧困概念に基づいた所得再分配のような政策だけでは，社会的排除をもたらすメカニズムに十分な対応ができなくなっているのである。

　社会的排除の問題は，健康，教育，住居，雇用，物質的貧困など多次元的な要因によってもたらされる問題である。したがって，社会的排除への対応においては，多次元的で包括的な対応が求められる。しかし，既に前章にて指摘したとおり，各々の国における社会的排除への対応には，雇用問題への対応に偏る傾向が見られ，それがむしろ新たな排除を生み出す恐れがある。

　例えばMarsh and Mullins（1998）は，居住システム自体が，社会的・空間的な階層化に大きな役割を果たすにもかかわらず，居住問題は，社会的排除に関連した政策や学問的な議論の中で相対的に無視されてきたことについて指摘している。

　Anderson and Sim（2000）も，社会的排除には雇用と所得だけではなく，社会への民主的な参加，仕事や社会福祉へのアクセス，家族とコミュニティを含む領域が含まれていると議論されてきたにもかかわらず，労働市場からの排除

のみを社会的排除の主要な指標として見なす傾向があると指摘している。また，住居と健康のような異なる政策領域についての議論は最も不足していると述べている。

しかし，一方では，社会的排除にかかわる議論に住居との関係を積極的に取り入れ，分析を行っている試みもある。先述したLevitasの研究では，雇用，貧困，給付の問題に主に焦点を当てているが，相対的に住居の役割については言及されていない。そこで，Watt and Jacobs（2000）は，Levitasによる社会的排除言説を用いて居住に関連した政策を分析し，類型化を提示している。それを簡単に紹介すると下記の通りである。

まず，居住に関する再分配論（RED）においては，特に劣悪な住居における居住状態やホームレス状態が最も生の機会において否定的な影響を及ぼしていると強調している。また，そのような居住貧困層は，民間住宅市場の中で，彼ら／彼女らの居住ニーズを適合させることが非常に困難であるため，公共賃貸住宅の供給について持続的な関心を寄せている。また，全体的な居住システムにおいて，市民権という観点が欠落しているため，社会的な弱者の居住ニーズに適切に対応することに失敗していると述べている。

それとは対照的に，道徳的アンダークラス論（MUD）では，公共賃貸住宅の否定的な影響について強調する立場をとっているという。それは，MUD論に内在する，アンダークラスに対する否定的な行為的特性を強調しているためで，特に公共賃貸住宅のテナントや路上のホームレスに対しては，文化的・行為的弁別性を強調しながら，社会病理学的な観点と関連付けようとしている。また，MUD論においては，公共賃貸住宅が福祉依存性を助長していると批判する。

最後に，社会統合論（SID）では，フランスの若年層向けの労働訓練提供型宿所（Foyers）を取り上げ（11章および図表11-6を参照），特に若者に対する有給労働の獲得・維持のための安定的な宿所の役割を強調している。

つまり，社会的排除に対応するための居住政策においても，前章で言及したような社会的排除への対応戦略の違いと同様に異なる観点や対応が見られるのである。以上のように居住問題，特に居住貧困と社会的排除との関係については様々な類型が考えられるため既存のアプローチとは異なる方法での対応が求

められているのである。

2 | 居住問題における社会的排除の特質

それでは，具体的に居住と社会的排除との関連性の特質について検討してみることにしたい。

これまでの居住貧困に関する研究では，主に住宅の占有形態（tenure）を中心的に捉え，住居と社会的不利や，住居と貧困間の関係を調べる方向が一般的であった。特に，イギリスなどの研究から見られるように，公営住宅に対する居住問題が，居住分野では中心的なテーマであったかのように見える。しかし，社会的不利の意味から見ると，過去と比べ，占有形態によって大きな違いが出てくるようになっているのが現状である。したがって，一部の占有形態に限った視点ではなく，住居全体と社会的排除の問題との関連性について再検討するべきであるとの指摘もなされている（Lee, 1998）。

そのような観点から居住問題における社会的排除の特質を見てみると，下記のような問題点を指摘することができる。

まず，第一に，「排除の集中」である。

排除の集中と社会的排除に関連しては，イギリスに見られるような，特に公営住宅の払い下げによる住居立地との関連性が挙げられよう。つまり，イギリスでは1980年代中に最も需要が高い地域の，質の良い公営住宅ストックのほとんどが売却されてしまった。しかし，一方で需要が低い住居団地は売れ残り，そこでは十分なサービスさえ供給されず，また貧困世帯も質の良いサービスを購買できるほどの資力を持っていなかった。結果的にこれらの世帯は支出の増加を余儀なくされ，社会的な不利のサイクルが繰り返されるようになったのである。また，住居団地に関連しては，社会的サービスや資源へアクセスするための交通施設が特に不足しているという指摘もある。つまり，その場合居住移動への選択が閉ざされており，しかも劣悪な社会環境の問題が混ざった結果，より惨めな状況におかれる場合もある。さらにそれらの地域における共通的な特質は，居住問題がより悪化し，かつそれが地域に対する評価にも影響を及ぼし，スティグマと関連付けられることである。それが就業等に対しても居住者

に影響を与えている。その他にも地域施設（商店，学校，健康サービス，交通サービス，雇用と訓練等）が不十分な場合もある。韓国の場合，公共賃貸住宅の払い下げは行われていないが，ソウルでは低所得層の居住安定のために建設された公共賃貸住宅（特に永久賃貸住宅）が，土地確保の困難性から，活用可能な国公有地に集中的に供給された。そのため，入居初期は地域施設が十分に整備されておらず，かつ住民の雇用関係の特性とも関係のない，都心から離れた郊外に位置する一部の自治体に偏って集中的に建設されていた。その結果，特定の自治体が貧困層の集住による問題を抱えることになり，さらには自治体の過大な福祉予算支出と一般住居地域との格差緩和に苦悩することとなった（ソウル市政開発研究院, 2002; 韓国保健社会研究院・江西区, 2002）。

第二に，「排除の持続性」である。

一般に貧困と住居剥奪間の関係における時間の役割は看過されがちである。しかしこの観点は，社会的排除の持続性を確認するための分析において重要な事柄である。つまり，どれほど長く住居剥奪が持続されているのか，貧困は特定の占有形態において持続されているのか，持続的な住居剥奪や貧困は，脱貧困，または占有形態の「選択」のための行動に影響を及ぼしているのか等は，特に住居に関連して社会的排除を定義する上で最も重要なことである。したがって，時間の枠を変更することは，社会的排除と住居との関連性を理解することにおいて重要な意味を持っているのである。

第三に，「排除の複雑性」である。

社会的排除は，「分配的問題」から「関係的問題」への焦点移動が求められるため，住居と他の政策領域間の相互作用を検討することが，排除の複合的な性質を明らかにすることに繋がる。例えば，住宅手当と所得間の相互作用は，貧困の罠あるいは雇用とも関係している。不健康，あるいは不適切な住居の効果は，生の機会に対し複合的な影響を与えている。ホームレス状態は，教育，仕事，ヘルス・ケアを妨げることになる。ホームレスの増加は，住宅不足，家族とライフスタイルの変化と関連している。健康に対する住居の複合的な影響は，特に若者と高齢層に集中しがちでる。家族の住居を離れる若者や単身世帯の数の増加に対し，住宅への選択肢は，しばしば民間賃貸部門での劣悪な質の宿所に制限されるか，ホームレス状態に陥るかである。高齢者にとって住居

は，貧困と結びついた際に一層脅威としてのしかかる。寒い住居（cold houses）は，燃料の貧困と繋がる時に高齢者にとってリスクになる。最も貧困な世帯の30％は，他の70％に比べ暖房のための経費を２倍も消費している（Ineichen, 1993）。過密住居あるいは劣悪な設備の住居での生活が，生の機会に持続的に影響を及ぼす不健康と非教育的な結果に関連していることが立証されている。とりわけ，児童にとって喘息と呼吸性疾患の割合が高く現れるのは湿気やカビの多い住居である。

3｜居住問題に対する地域包括的なアプローチの重要性

　居住の領域における社会的排除の複合性や他の政策領域（住宅のみならず，教育，健康と雇用問題）との関連は，社会的に排除されている人々に対する政策目標がこれまでのようなサービス供給中心的な部門別介入や焦点化された介入だけでは，居住者の機会や資源へのアクセス，社会への再参加等のような社会的包摂には有効ではないことがいえる。すなわち，居住に関する社会的排除の対応においては，上記のような居住における社会的排除の諸性質を鑑みると，単線的なサービスの提供などに焦点を当てたプログラムだけではなく，むしろ地域レベルで考案された，地域包括的なプログラムが求められるのである。
　以上の点から考えると，居住分野と社会的排除との関係を考察するに当たり，住居とそれを取り巻く地域の効果と，居住貧困と他の諸政策領域間についての社会的排除との関連性を上記の３つの性質の大きな枠組みの中で調べるのが重要となる。なおかつ，居住貧困やそれらの集住地域に対する社会的排除との関連性，そしてそれらの問題への対応について各々検討しながら解決への糸口を模索していく必要がある。

04章 住居と社会的排除

1｜住居と社会的排除との関係と特質

　本章と05章では，住居と社会的排除との関連性について住居と関係の深い政策領域との関連性の下で検討してみることにしたい。居住貧困と社会的排除において，次章では地域効果によって生ずる貧困の集中や立地的な効果，サービス，そして社会化や社会的ネットワークの効果が，居住貧困をもたらす社会的排除のメカニズムにおける地域レベルでの綿密な検討を要する事柄であることを指摘する。一方，本章で取り上げる住居と社会的排除との関係のメカニズムは，地域効果が生ずる居住分野における社会的排除のよりミクロなレベルにあたる分野であり，個人や世帯がどのように住居との関係において社会的排除を経験することになるのかという点を確認し，それに対応するための必要な政策的課題を検討することが目的である。個人や世帯が接しており，影響を受けることになる住居と地域という両領域において，社会的排除の多次元的なプロセスやメカニズムを確認することは，居住貧困層に対する社会的包摂戦略を講ずる際に主要な検討項目として重要性を増している。
　それでは，まず住居と社会的排除との関係の特質について見てみることにしたい。
　まず，住居は「社会的包摂（social inclusion）」に資することができる。つまり，安全で安定した住居は，健康で文化的な最低限の生活を営むための第一の条件であり，人々はそこから家族，地域社会，あるいはより広範な社会との繋がりを拡大させながら，社会参加を果たすことができるのである。ところが，住居は，逆の意味で，「社会的排除（social exclusion）」を導く原因にもなり得る。後述するように，劣悪な住居での物理的な状態の改善や，居住世帯のニーズに合

う行き届いたサービス，居住世帯の負担能力に見合う適切な居住費，質の良い低廉なアフォーダブルハウジングへのアクセスなどのような要件が整っていない場合，居住世帯は，彼ら／彼女らの社会参加に及ぼす負の影響を経験せざるを得なくなる。それは，個々の世帯において，また，時間的な連続性や他のファクターへと連関性を持ちつつ，社会的排除を強化させる要因になるのである。そのような文脈においてMurie（1996）は，社会的排除が住居と社会との関係に関する数多くの論争について再考する機会を与えてくれており，それらは「脱商品化（decommodification）」，「市民権（citizenship）」，「統合（integration）」と「社会的二極化（social polarization）」，そしてそれらのプロセスにおける住居の役割に関する論争を含めていると述べている（Marsh & Mullins, 1998より再引用）。またSpicker（1998）は，住居は排除の主要な領域を成しているため，低所得状態にいるか，利用できる資源が少ない人々は適切な住居を獲得しにくく，そのため居住貧困は社会的排除の「結果」になり得ると述べている。一方，劣悪な住居は望ましい雇用・健康・教育等に対するアクセスに関連しており，社会的排除を生み出す「原因」でもあり得る，と主張している。すなわち，居住貧困は社会的排除の「原因」であり，「結果」でもあり得る，ということである。

　なお，上記の内容に関連して主に議論されている領域のひとつとしては，「住居を通じた（through housing）排除」のプロセスを取り上げることができる。それによると，特定地域の居住者は，雇用機会や市民権（citizenship）としての社会的給付を受給するための安定的なアクセス権が妨げられているという。Somerville（1998）は，住居に関連した諸プロセスは，社会的包摂を増進するか，社会的排除に貢献する，どちらかのプロセスの形としても理解することができると述べ，「住居を通じた社会的排除」は，住居に関するプロセスの効果が，ある社会的集団が彼らの日常生活をコントロールするのを妨害するか，広範囲な市民権的権利の享有を阻害することにより生み出されると述べている。それに関連し烙印（labelling）効果と社会的相互作用における地理的分離に関連する影響も，それらの問題に関連していると紹介している。

　社会的排除と居住問題との関連性に対しては多くの研究がなされているが，とりわけ，これまでの居住システムと社会的排除との関係に対する研究を分析

したArthurson and Jacobs (2003) は，それらの研究の焦点を大きく3つに分けて分類している。第一に，社会的排除の原因としての住居，第二に，適切な住居からの排除，第三に，社会的排除の結果としての住居がそれらである。下記では，そのような3つの住居と社会的排除との関係に関する議論について検討してみることにしたい。

2 | 社会的排除の原因としての居住貧困

まず，住居と社会的排除との関係において確認できることは，前述したように住居それ自体が社会的排除に寄与しているということである。すなわち，不適切な住居は，健康，教育，そして雇用へのアクセスに影響を及ぼす。また，住居は，その立地や物理的環境，占有の安定性，過密状態，持続可能性，そして他のサービスに対する利用可能性という意味からも排除を生み出している。それに加えて「居住システム」と「住宅割り当て政策」は，住居が社会的排除の要因になる背景であることが指摘されている。例えば，第二次世界大戦後のイギリスでは，公共賃貸住宅は住宅不足問題と社会的分裂を解消するのに有効であった。しかし，最近になって公共賃貸住宅ストックの売却や用途転換，新規の公共賃貸住宅の供給制限によって公共賃貸住宅の役割が縮小された（Lee & Murie, 1997）[2]。また，公共賃貸住宅が多様な所得階層を受け入れられないために，公共賃貸住宅部門内での貧困の集中化が持続化しているが，そのように公共賃貸住宅が今後もまた「最後の寝床（last resort）」として取り残されている限り，社会的排除を生み出す問題は解決されないであろう。そのような問題からは，住居を通じた社会的排除が生み出す最も深刻な結果として，居住者自身の生活のコントロールや，広範囲な市民権に対するアクセスが困難になることに関する問題等が指摘できる（Somerville, 1998）。

また，住居と健康との関係については，適切な住宅デザインの欠如による問題が指摘されているが，Ineichen (1993) は，住居デザインに由来する疾病と，住居デザインと病気の関連を図表4-1で取り上げている。それに関連し，イギリスの住居貧困（poor housing）に関する公式的な定義として図表4-2のような内容が取り上げられている。それによると図表4-2で示されているカテ

図表4-1　住居設備と対応する疾病

デザインの特徴	関連する疾病
強い関連	
適切な水の供給	トラコーマ，皮膚感染症，胃腸病
公衆排泄物の処理	胃腸感染症，腸の寄生虫を含む
安全な水の供給	腸チフス，コレラ
入浴・洗顔設備	住血吸虫症，トラコーマ，胃腸病と皮膚疾患
厨房道具	栄養不良
空気汚染調節器	急性・慢性呼吸疾患，悪性呼吸疾患
相当の強い関連	
住居の換気	急性・慢性呼吸疾患
住居のほこり処理	喘息
飼育場（汚染された水を含む）から離れたところへの住居建設	マラリア，住血吸虫症，フィラリア症，トリパノソーマ症
火，灯油・ボンベ入りガスの管理	火傷
地面	鉤虫症
網	マラリア
若干の関連	
屋根ふき材料利用のコントロール	アメリカトリパノソーマ症
修復された住居	精神的疾患
住居内の温度調節	温度ストレス
適切な食料保管	栄養不良
廃棄物収集	アメリカトリパノソーマ症，リーシュマニア症

出所：Ineichen（1993）より再引用

ゴリの中でひとつあるいはそれ以上が欠如した住居が住居貧困状態であると認められる。

　Leeは，イギリスでの住居の劣悪な物理的状態は，一般的に次の4つの測定項目のひとつに関連しているという。すなわち，第一に，人間の居住に相応しくないか，我慢できる水準以下の住居（BTS, below tolerable standards），第二に，荒廃した住居，第三に，浴室／シャワーあるいはトイレ等の基本的な施設が欠如している住居，第四に，過密住居である（Lee, 1998）。

　以上のような住居貧困の状態は，居住者の健康や居住環境を悪化させるメカ

図表4-2　住居貧困に関する公式的定義

不健康（Unfit）	以下の項目中，ひとつあるいはそれ以上の問題を持つため居住に相応しいと思われない住居：荒廃，安定性の問題，居住者の健康に有害な湿気，内部配置，電光・温度・換気，水の供給，食品の準備と調理のための設備，衛生設備と汚染された水の処理
基本的設備の欠如	以下の項目中ひとつあるいはそれ以上の欠如した住居：キッチン・シンク，浴槽あるいはシャワー，洗面台，冷・温水，室内トイレ
修理の不良	建設費用で1,000ポンド（1986年の価額）以上の緊急修理が要求されること。修理問題の定義は「イギリス住居状態調査1986」によって導かれており，その前まで使われてきた「深刻な荒廃（serious disrepair）」定義を代替した。
深刻な荒廃	7,000ポンド（1981年の価額）以上の作業が必要なこと。この定義は，「イギリス住居状態調査1981」で使われた。

出所：Ineichen, B.（1993）より再引用

ニズムとして機能し，とりわけ居住者の生活へのコントロールや社会参加を阻害する原因として機能することが指摘されている。

3｜適切な住居や関連サービスからの排除による居住貧困

　Cameron and Fieldは，「住居を通じた（through housing）排除」と「住居からの（from housing）排除」を区分すべきであると指摘しており，社会的排除における適切な住居からの排除の問題を他から区分している（Cameron and Field, 2000）。すなわち，後者は適切な住居や安定した居住に関連するサービスへのアクセスに対し，困窮状況におかれている人々のアプローチが欠如している結果，不利益を被ることになる場合を意味している。言い換えると，適切な住居及び関連サービスからの排除による社会的結果を意味していると言える。
　一方，Anderson and Sim（2000）は，イギリスでの住居と社会的排除に対する議論の中で，公共賃貸住宅の残余化（residualisation）に対する過度な強調について指摘しながら，そのような占有形態にさえアプローチできない人々（特に，単身ホームレス）の（適切な）住居（及び住居サービス）からの排除の経験がそれらの議論では看過されていると主張している。つまり，「住居からの排除」とは，前記したような公共賃貸住宅居住者への質の良い居住環境と，適正な家賃負担等のような適切な住居サービスへの社会的包摂と共に，そのような住居

からでさえ排除されている人々に対する考慮が同時に必要であることを意味していると言えよう。

したがって，そのように一定の水準を持ち，安全で居住に相応しい質の良い低廉な住居は，より効果的に社会や労働市場に参加できる基盤ともなるため，最も確固たる社会統合の基盤を提供するのである。また，適切な住居は，他の福祉サービスの効果を高める上でも有効性を持っており，福祉サービスにおける基盤にもなり得る。そのような意味で，住宅政策と福祉政策との連携については，特に社会的排除に関連して相乗効果をもたらし，両方の政策における連携が最も必要であると言える。また，それは，家族や友人，そして社会的ネットワークの構築においても，その関係性を増進するのに対し必要不可欠な要素にもなるのである。

4 | 社会的排除の結果としての居住貧困

最後に，「社会的排除の結果としての居住貧困」が考えられる。これは居住貧困が社会的排除の結果であることを意味している。したがって，そのような居住貧困状態をもたらした様々なメカニズムやそれによる居住貧困化の経路を確認することによって，社会的排除による居住貧困化の具体的な「プロセス」を理解することに目的がある。言い換えれば，「社会的排除の結果としての居住貧困」は，所得のような物質的な資源の欠乏等が不平等の原因であり，住居そのものが原因ではないことを論じているのである。例えば，失業や仕事の減少は，住居に対するアクセスに影響を及ぼし，不利益におかれている人々が結果的に不適切な民間住宅へと移動させられ，あるいは過密な状態のままで公共賃貸住宅に居住せざるを得なくなることを意味する。さらにある世帯が住宅市場の特定の部門に集中する結果となることは，他のサービスからの排除によるものであることが考えられる。Lee and Murie（1997）は，イギリスでは一部の持ち家世帯や民間住宅のテナントの人々は，公共賃貸住宅団地の居住者よりも最も高度の社会的不利を経験していると述べている。[3] とりわけ，民間賃貸部門に居住している低所得層の方が，公共賃貸住宅の居住者に比べ，最も大きく，しかも複合的な排除を経験しているという。これまでには，公共賃貸住宅

団地の居住者が最も社会的に排除された人々として取り上げられることが多かったが，それは不平等の指標として，一般的に「住宅の占有形態（housing tenure）」が政策的な意味で使われてきたためであった。しかし，実際には，民間賃貸部門や一部の持ち家の場合，これらの政策的，あるいは，社会的な関心から外されており，そのため適切な対応から排除されていたのである。

　もうひとつの政策からの排除による最も具体的な例としては，障がいを持っている人々に対する問題が挙げられる。Somerville（1998）は，障がいを持っている人々がアクセスできるような住居が十分ではないことについて述べており，それによって多くの障がいを持っている人々の孤立を持続させ，最も基本的な日常の生活を営むに際しても他の人々に依存せざるを得なくなったことについて指摘している。これらの点に関しては，先述した，第二の「適切な住居からの排除」にも共通している問題であることが言える。

　また，居住移動の排除問題もこの範疇にあたる。すなわち，先述したように物質的な資源の欠乏にもかかわることであるが，貧しい人々は居住移動に対する選択においても制約を受けている。主に経済的能力が十分な人々のみが自由な居住移動ができ，移住できる力を持っていない人々のみが取り残されるのである（Wilson, 1987）。それによって「居住に相応しい（desirable）」住居（地）と「居住に相応しくない（undesirable）」住居（地）が両立することになる（Spicker, 1998）。

　なお，ホームレス状態は，最も複合的な要因によって社会的に排除された結果であり，「社会的排除の極限的な状態」（小玉他, 2003）であることが指摘されている。

　以上のような「住居と社会的排除との関係」による居住貧困化のプロセスを整理すると，図表4-3の関係図のように示すことができる。

5｜複合的アプローチによる社会的排除への対応

　以上で検討したように，住居と社会的排除との関係に関する議論からは，住居が社会的排除の原因となる場合や，適切な住居や住居関連サービスからの排除の問題，そして社会的排除の結果としての居住貧困の問題が各々検討される

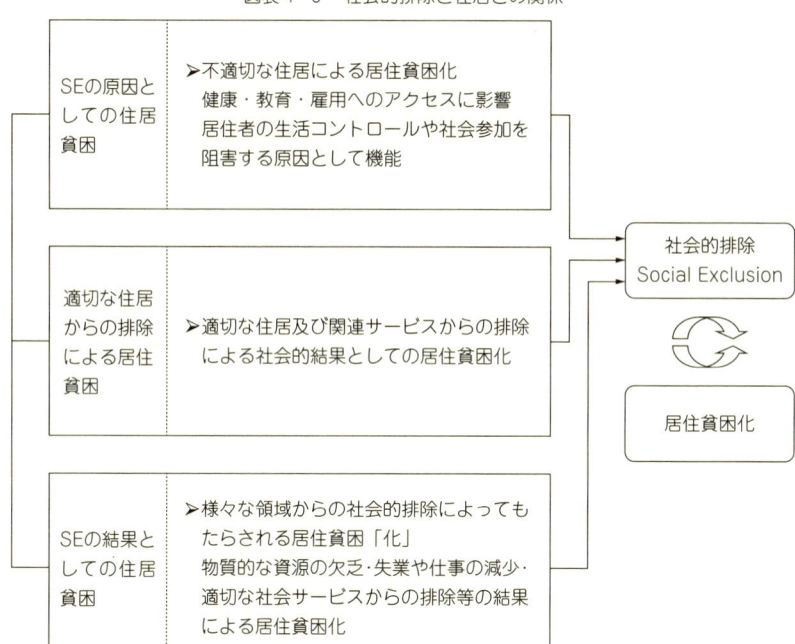

図表4-3　社会的排除と住居との関係

SEの原因と しての住居 貧困	➢不適切な住居による居住貧困化 健康・教育・雇用へのアクセスに影響 居住者の生活コントロールや社会参加を 阻害する原因として機能	
適切な住居 からの排除 による居住 貧困	➢適切な住居及び関連サービスからの排除 による社会的結果としての居住貧困化	社会的排除 Social Exclusion ⟲ 居住貧困化
SEの結果と しての住居 貧困	➢様々な領域からの社会的排除によっても たらされる居住貧困「化」 物質的な資源の欠乏・失業や仕事の減少・ 適切な社会サービスからの排除等の結果 による居住貧困化	

べき事柄であることが確認できた。それらの関係は，基本的に居住分野における社会的排除を明らかにしていくことで，単に居住部門に限定されるのではなく，より広範囲な社会との関係に関する数多くの議論や政策領域にかかわっていることが認められるのである。

　住居と社会的排除との関係を簡単に要約してみると，まず「社会的排除の原因としての住居」とは，住居の状態が適切であるのか，あるいは不適切な状態であるのかによって，居住者の社会参加への影響を与えるということを意味している。つまり，不適切な住居は，居住者の健康，教育，そして雇用へのアクセスに影響を及ぼす。またその他にも住居の立地や物理的環境，占有の安定性，過密状態，居住関連サービスへの利用可能性という意味においても同様の効果が予想される。そのような問題から，居住者の生活へのコントロールや，広範囲な市民権へのアクセスが困難になるという点も既に指摘された。次に，「適切な住居や居住安定に関連するサービスからの排除」である。そこではと

りわけ困窮状況に置かれている人々にとってそれらへのアクセスが特に困難であることが挙げられた。例えば、社会政策的な意味を持つ公共賃貸住宅からでさえ、単身のホームレスは最も排除を経験している点等、政策的な選別による排除の問題が指摘できる。また、適切な住宅を安定的に維持できるための居住関連サービスなどは、適切な住居と共に、居住者が効果的に社会参加を果たすための必要条件になる。適切な住居は福祉サービスへの効果をも高めるため、住宅政策と福祉政策との連携は、社会的排除への対応においてますます必要性が高まってきている。最後に、「社会的排除の結果としての住居」とは、居住貧困が社会的排除の結果であることを意味しており、これらは、雇用、健康、住宅の占有形態等、様々な政策領域との関係性の中で検討を要する範疇である。以上のような議論を総合すると、住居と社会的排除に関連した問題や政策課題を明らかにするためには、より複合的な視点からのアプローチが必要となる。とりわけ、そのような問題を同定していく方法としては、住居と社会的排除との具体的な様相と、それらの相互影響関係を通じた排除の深化メカニズムがどのように作動しているのかを明示するため、よりインテンシブな面接調査を通して事象を同定していくことが必要である。具体的には住居が社会的排除と関連して、どのような関係があり、そしてそれらは居住貧困層の生の各段階と部門において、どのような居住貧困様態の結果として現れているのかについて、上記の議論に沿って分析を行っていくことが求められる。

〔註〕

1） イギリスの王立医科大学で行われたホームレス状態と健康悪化に関する報告書では次の4つの要因について指摘している。第一に、身体的な疾患はホームレスになることと関係がある。健康問題を抱えている人々は資源、そして宿所に関連する問題を持っている人々であるかもしれない。第二に、身体的な疾患はホームレス状態によって創り出される。健康問題は、シェルターの欠乏だけではなく、プライバシー、安全性、適切な衛生設備と、さらには適切な住居の欠乏に関連した欠食の問題にかかわっている。第三に、身体的な疾患はホームレス状態によって持続・悪化される。住居問題は、医療保護を受けることを妨げることとなるが、それは頻繁な居住地移転に伴い、診療予約を守ることが困難になるため、助けを受けにくくなるからである。第四に、身体的な疾患はホームレス状態に関連した行為によってもたらされるか、それにより悪化することがある。すなわち、野宿者（rough sleepers）間の麻薬とアルコール問題に関連性がある（Spicker, 1998より再引用）。

2） 1980年代以前の「購買権（the Right to Buy）」のような公共住宅の民営化政策の影響は

現在にいたるまでも住宅の管理問題や政策的な課題を作り出した主要因であったことは疑いもない。その政策による影響は，郊外の良好な団地がより社会的に混合される一方で，あまり人気のなかった都心内団地の場合，残余化が進み，その結果，貧困の集中が最も強まることとなった（Atkinson and Kintrea, 2002）。

3） 公共賃貸住宅は，一部のグループを選別的に排除するが，持ち家は，より広範な貧困世帯からのアクセスを否定するため最も排除的のように見える。しかし，持ち家世帯の内部における占有形態の社会的分化の重要性を看過してはならない。すなわち，持ち家世帯の中には，適切な居住生活を営むために必要である，老朽な住宅への修理を行える経済的な能力を持っていない世帯と，居住者の居住ニーズに合う住居の購買能力を欠けているため，非常に過密な居住環境で居住している人々も含まれているからである。例えば，「持ち家」からは排除されていないかもしれないが，それらの世帯の一部は「社会的に」排除されているかもしれないことが指摘できる。したがって，持ち家への包摂が社会的包摂と同様なものであると言うことはできない。同じ意味で持ち家からの排除は，社会的排除と同様な意味ではない。例えば，住宅を購入する能力を持っていなくても適切な家賃で良質の安定的な住居へアクセスできれば，社会的に排除されたことではないことが言えるのである。他方では，公共賃貸住宅への包摂が社会的包摂を意味していることと同様ではないことも明らかである。なぜならば，一部のテナントは彼ら／彼女らの低い所得による家賃の負担と居住ニーズに相応しくない居住環境によって，あるいは自らエンパワーできる手段から疎外されているため社会的に排除されているかもしれないのである。したがって，テナントの人々に対してだけではなく，持ち家所有者の中での社会的排除をも考慮する必要がある（Somerville, 1998）。

05章 地域と社会的排除

1 | 社会的排除における地域の役割

　近年，社会的排除に関心を置く研究や政策の中で，都市内における社会的な不利益の集中に焦点が当てられてきた。とりわけ，社会的排除のダイナミックな特性において地域の役割が最も大きな関心を集めてきている。前述したとおり，社会的排除とは，（都市）社会における参加の欠乏に対応するための規範的な概念である。もちろん社会的排除は都市に限った問題であるとは言い難いが，特に都市における社会的排除には，特定の地域への社会的不利の集中が問題として指摘されている（Lee, 1998; Atkinson and Kintrea, 2001; Murie and Musterd, 2004）。社会的排除は，人々が完全なる市民として享有できるような利益から次第に閉ざされるダイナミックなプロセスに関連して使われてきたため（Walker and Walker, 1997: 8），社会的不利が集中している地域の居住者は，最も市民的権利から排除される結果に陥りがちである。その意味で居住における社会的排除のひとつの側面においては，不利益を被る世帯の空間的な集中に対する問題と，それによる社会参加への制約や社会からの隔離を及ぼす場所の問題，すなわち地域の役割に関する問題を伴う。一方，貧困地域に関連する議論の中では，その問題が特定の占有形態に限らない（Somerville, 1998）という主張もあり，言い換えれば，社会的排除の諸プロセスは，様々な類型の占有形態の文脈において生じうるのであり，社会的排除における占有形態を越えた地域の役割について，最も注目が必要となる。

　既存の文献では，不利益世帯の空間的な集中が必ずしも問題ではないと指摘しているものもある。つまり，不利益世帯のような同質的な社会的集団の集中が機能的役割を果たし，家族とは異なるネットワークを維持できるようにする

可能性について注目しているのである。しかし，その場合においても，他の公的なサービスへのアクセスや社会的ネットワークへの限定性などによる，地域居住者の社会参加や社会制度へのアクセスからの制約は，社会的排除を加重させるメカニズムとして機能することも多いため，多次元的な社会的不利の集中による地域の効果に注目する必要がある。

　以上のように，近年，社会的排除における地域の役割に関する関心が高くなっており，地域が教育，雇用，健康，住環境のような結果に膨大な影響を及ぼす重要な要因であることが示されている。

　以下では，社会的排除に資する地域の効果について考察してみることにしたい。

2 │「地域効果（Area Effects）」をめぐる議論

　「地域効果」とは，ある地域で生活することによって生ずる生の機会に対する機会のネットワークと定義できる。文献の中からは近隣効果（neighbourhood effects）として知られていることもあるが，特定の地域に生活することによって生ずる社会的・経済的機会に対する独立的な影響を及ぼす効果であることが一般的に同意されうる定義である（Atkinson and Kintrea, 2001; 2002）。また，剥奪や社会的排除論だけではなく，社会政策や都市政策においても広く普及されたアイデアである（Atkinson and Kintrea, 2004）。地域効果に関するアイデアは，そもそもアメリカに起源を持つ概念であり，保守主義者やリベラルな論者によって提示された，アンダークラスの存在や人種的な差別よりも，剥奪されたインナーシティの地域に対するより精巧な説明を求めるためのアプローチであった（Wilson, 1996）。

　したがって，Bauder（2002）が指摘しているように，地域効果には，貧困な地域が規範や価値，そして行動において「機能不全」（dysfunctional）に陥っていることが指し示されており，そのアイデアは都市のアンダークラスの概念に強く結びついて使われている場合があることを注意すべきであると述べている。例えば，アメリカではそれらに関連した様々な政策が行われてきたが，住宅都市開発省（HUD）による「Moving to Opportunities」というパイロットプ

図表 5-1　地域における機会のネットワーク

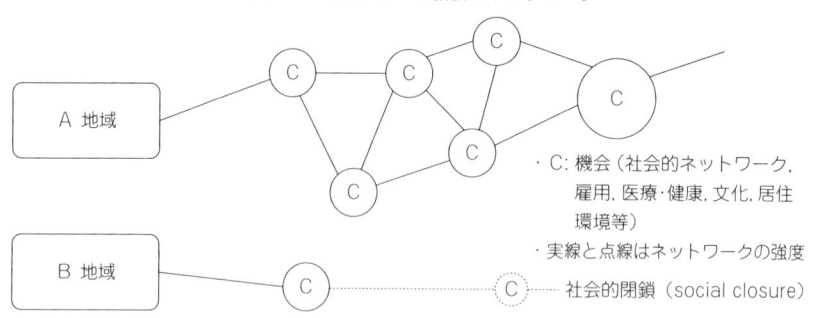

- C: 機会（社会的ネットワーク，雇用，医療・健康，文化，居住環境等）
- 実線と点線はネットワークの強度

社会的閉鎖（social closure）

ロジェクトや「Section 8」住宅手当を使って140万人の低所得世帯をミドルクラス地域や郊外地域へと移り住まわせるプログラムなどが実行された。しかしそれらは，郊外のミドルクラスのライフスタイルは正常なもので，インナーシティやマイノリティのライフスタイルは，病理的であるという仮説を含意している（Bauder, 2002: 89）。したがって，「地域効果」という用語の使用に際しては，それが持つ文化的な排除の蓋然性を常に警戒しながら使うべきであり，とりわけ政策決定者や，地域のワーカー，プランナーは気をつけなければならない。

また地域効果は，個人や世帯の社会的・経済的算出においてポジティブな，あるいはネガティブな両方向の意味を持っている。それを簡単に図で示してみると図表5-1の通りである。つまり，ある地域に居住することによって，社会的ネットワークや雇用，医療・健康，文化，物理的な居住環境など様々な機会へのチェーンが繋がり，居住の質や人的資源における向上が図られる一方で，限定的な社会的ネットワークの中で外の社会との繋がりが薄まり，次第に社会的閉鎖（social closure）状況に陥ってしまう。しかも，雇用やその他のサービスへのアクセスの困難，劣悪な物理的環境などのため，生の機会からも徐々に遠ざかっていく場合が予想される。

一般的に「地域効果」に関する文献では，主にアメリカの都市において貧困者がその貧困から抜け出すことを阻害される付加的な影響について言及しており，小規模地域における都市貧困の集中による窮乏状況に関して着目している。そのような付加的な影響に対するメカニズムは，地域のサービス供給に対

する負担，居住者個人に対し投影された悪い評判，民間のサービスが質的に劣悪であるか不在であること，水準の低い公共サービス供給と貧困な地域における社会化過程等のプロセスから確認できる。

　特に，地域効果に関するアメリカの文献からは，貧困者の長期的な目標の喪失，逸脱的な規範や行為の強調（Murray, 1996），それらの居住地域の社会的な孤立，ミドルクラスの不在による役割モデルの欠如（Wilson, 1987; 1996），そして権能を与える（enabling）よりは抑圧的な社会関係資本（social capital）の発展（xavier, 1998）などがもたらす影響などが提示されている。その他にも，十分な財政投入がされないことが劣悪なサービスの質をもたらし，郊外地域では新たな仕事へのアクセスを減少させてしまう場合もある（Wilson, 1996: 和訳, 1999）。

　しかし不平等をもたらす要因としては，地域効果よりも他の要因，例えば，貧困の集中をもたらすマクロ経済学的な構造的要因が最も重要であるという批判もある（Kleinman, 1998; Webster, 1999）。とりわけ失業が直接的に家族解体や貧困などの社会問題をもたらすという意見もある（Webster, 1999）。その他にもKleinman（1999）は，家族や個人の特性が地域効果より重要であり，政策介入の優先的なターゲットになるべきであると主張している。例えばロンドンの一部の地域における失業率が国家平均より高いのは，失業に関連する特性を持つ世帯の割合が相対的に高いためであると述べ，地域効果の影響を矮小化している。さらにKleinmanは，剥奪された社会的不利地域における高い失業率においては，地域への貧困の集中と経済との関連性に注目すべきであり，その意味で貧困地域に居住している人々は，グローバリゼーションによって（by globalization）排除されたのではなく，グローバリゼーションから（from globalization）排除されていると述べ（Kleinman, 1998），地域効果の影響を切り落としている。

　しかし，地域効果について論じている文献では，マクロ経済的な力による結果や世帯の特性よりも，貧困な地域と他の社会問題間に因果的な関係があると結論付けている（Brooks-Gunn et al., 1993; Ellen and Turner, 1997; Arthurson and Jacobs, 2003）。Ellen and Turner（1997）は，地域効果は地域の外部のプロセスよりは重要性が低いかもしれないが，それら外部のプロセスとの因果的な関係

については，さらに画然とした区分が必要であると述べ，地域効果に対する有効性を喚起している。特に，貧困な地域と社会的排除間の関係に対しては，より真摯に扱う必要があると多くの論者が主張しているのである（Somerville, 1998; Power, 2000; Brooks-Gunn et al., 1993; Ellen and Turner, 1997; Arthurson and Jacobs, 2003; Wilson, 1987; 1996）。また，マクロ経済的な影響に関連しては，剥奪された社会的不利地域は経済成長が続いた時期にも持続的に存在していたため，個人や世帯への生の機会への直接的な関連性をそれに求めるには限界があると思われる（Atkinson and Kintrea, 2002）。

　イギリス政府は「今後10〜20年内に誰でも自分たちが居住している地域によって深刻な不利益を被ることが起こらないようにする」という報告書を出している（Social Exclusion Unit, 2001）。1997年に執権した労働党政府は，最も劣悪な状態にある団地や，公共政策が対応しにくい，いくつかの問題を抱えている社会的に排除された地域に焦点を当ててきた。新たな中心事業としては，特に部署間の共同作業や広範囲なパートナーシップに基づく「提携された解決策（joined-up solutions）」を模索するため導かれた一群の「地域に基づいた優先事業（area-based initiatives，ABIs）」が発表された。その一環として，1998年以来，New Deal for Communities（NDCs）プログラムが実施されており，イングランド全域に39の拠点を設置し，地域再生プログラムを実施してきている。なお，スコットランドでもSocial Inclusion Partnerships（SIPs）プログラムが貧困層の地域をターゲットとして事業を展開しており，スコットランド全域で34地域に及んでいる（Atkinson and Kintrea, 2002）。2001年には，「副首相府（Deputy Prime Minister's Office）」直轄で「地域再生局（neighbourhood renewal unit）」が設置され，剥奪された社会的不利地域に集中した施策を行った。特に，剥奪された社会的不利地域に対し，地域コミュニティの安全，経済的な開発，高水準の教育と健康プログラム，そして適切な住居（decent housing）などをその目標として掲げて施策を実施した。つまり，地域効果と社会的排除に関する議論は，もはや政策として実践のレベルにまで上っており，社会的排除における地域効果メカニズムの重要性は，ますます高まってきているのである。

3 | 剥奪された社会的不利地域における地域効果のメカニズム

　図表5-2は，地域効果のメカニズムを図示したものである。ここで確認できる地域効果とは，次のようなものがある。すなわち，「集中 (concentration)」，「立地 (location)」，「社会的環境 (milieu)」，「社会化 (socialization)」，「物理的環境 (physical)」，「サービス (service)」である。この表は，それらの効果の相互連携性を強調するため，直線で表現しており，地域効果の伝達メカニズムに影響を及ぼすフィードバックのリンクが存在していることを提示している (Atkinson and Kintrea, 2001)。これらの類型の各々において，個人，あるいは世帯を地域と連結させる特定なメカニズムが発見される。しかし，あらゆる個人や世帯が必ずしも同様の程度で地域環境によって影響を受けるのではない。なぜならば，ある人々は，彼らが居住している地域の効果を凌駕するほどの他の資源，あるいは強力な社会的ネットワークやサポートを持っているためである。例えば，居住者の中でもある程度の経済的な余裕を持っている世帯の場合は，公立学校などにおいて子どもの教育環境が劣悪な場合の不適切に割り当てられている公共サービスを補うために地域外の私立学校や私塾などへ子どもたちを通わせることができるからである。したがって，結果的に地域環境によるしわ寄せを最も受けやすいのは，経済的な資源を持たず，しかも社会的なネットワークにおいても脆弱な世帯や個人になるのである。

　そのような地域効果による社会的不利の強化を生み出す，排除のメカニズムの具体的な例については，下記のようなものが紹介されている (Kempen, 2002; Atkinson and Kintrea, 2001; Ellen and Turner, 1997)。

　まず，第一に，「立地と貧困の集中」による効果である。

　「貧困の集中」はある特定の地域サービスに対するサービス負荷が生ずるため，個人や世帯に対し影響を与えることになる。それをWilsonは，「集中効果 (concentration effects)」(Wilson, 1987) と言い，不利な立場に置かれた人々が圧倒的に多い地域で見られる「機会の制約」であると述べている。そのような効果の主な結果としては，教育的なパフォーマンスやヘルス・ケアなどにおいて

第Ⅱ部 社会的排除と居住

図表5-2 剥奪された社会的不利地域での地域効果のメカニズム

地域効果の類型	メカニズム	主な結果	二次的な結果	広範囲にわたる剥奪の強化
集中	・サービスに対する圧力 ・多数の比較的同質的な世帯が共に暮らす	・地域や居住者に対する格印 ・地域における教育に対する需要の高まり ・規範からの逸脱が高まる ・限定的な社会的ネットワーク	・低い教育、賃金/不健康等 ・経済的な生存のための犯罪	・格印＆評判、労働市場からの排除
孤立	・労働市場 ・住宅市場（民間） ・住宅割り当て（公共） ・民間財政 ・地理的な孤立	・モーゲージや保険に対するレッドライニング ・資産形成の困難 ・質的に最も劣悪な地域への転落 ・空間とスキルの不釣合い ・分離の強化	・不利地域における保護世帯の集中 ・失業	・貧困とレッドライニングの悪循環 ・社会的、物理的孤立が環境や社会に影響を与える
社会的環境	・社会的ネットワーク ・社会への接触 ・連携に伴う日常生活のパターン	・脆弱な社会関係資本 ・失業率の蔓延、低い賃金状態での主流生活に伴う日常生活の文化や価値観規範	・人間関係を通じた犯罪	・態度や行動の再生産
社会化	・教育 ・子育て ・友達 ・孤立 ・分離 ・社会化	・外部世界に対する学習 ・優立価値に対する学習 ・行為のコード、社会関係資本や社会的結束への依存	・ある行動の容認可能性による逸脱	・態度や行動の再生産
物理的環境	・建造環境 ・住宅の質 ・物理的なアメニティの質（例、公園）	・健康被害（例．喘息） ・孤立した地域、建築評判 ・低いコミュニティの意識	・犯罪に影響を受けやすい環境 ・建造物による コミュニティの制約 ・地域の仲間に対する疑い	・アイデンティティや領域を規定する環境
サービス	・「問題地域」における問題を抱えている人々への対応・教育	・低水準の強化 ・地域住民のサービスを獲得する上で無効 ・低い政治的効果	・能力、道徳性、行動に対する低い期待 ・近隣地域のサービスにおけるダブルスタンダード	・専門家は居住者の能力が低いと見ており、居住者は質的に劣悪なサービスが問題であるとする

出所：Atkinson and Kintrea (2001)

質の低い「産出（outputs）」をもたらす2次的な結果と共に，さらに地域や居住者に対する広範囲な社会的不利の強化が創出される。特に，地域の影響が最も直接的に現れるのは経済的な機会，つまり仕事に関する物理的な近接性やアクセシビリティである（Ellen and Turner, 1997）。言い換えると，居住している地域の「立地」が仕事の機会から遠く離れていたり，公共交通に対するアクセスが欠乏していると，たとえ彼らが適切な技術やモチベーションを持っていても適した仕事に就くのが不可能になることがある。また，貧困や社会的不利が集中している地域や居住者に対しては，地域に対する好ましくない評判やスティグマを生み出す場合もある。地域に対するそのようなラベリングは，ただ単に主流社会に対し非正常的な状況であるという主観的な理解を意味しているのではなく，あくまでも社会的排除の道具として機能している。地域に対するスティグマの例としては，居住地の住所によって雇用市場で差別を受けることがよく取り上げられている。また，アメリカなどの例から示されているように，レッドライニング[1]のようなある地域の居住者がリスクとして見なされる場合もある。しかし，そのようなラベリングが政策にどのように反映されているのか，そしてそのラベリングが，財貨やサービスに対するアクセスをどのように妨げているのかについての全体的な情報はまれである。なぜならば，それ自体が社会的にタブー視されており，また行政もそのような事実があることを認めたがらないからである。それにもかかわらず，地域に対するスティグマは社会的排除のプロセスにおいて重要な要因であることが指摘されている（Kempen, 2002）。

第二に，「サービス」の効果である。

個人の福利（well-being）は，地域水準で供給されるサービスの質やその利用可能性によって相当な影響を受けることになる。なおかつそれらによる結果は，個人の生み出す成果にも強く影響を与える。一方，貧困地域に対する公共や民間によって供給されたサービスに関する研究では，実際にサービスの質や内容が他の地域に比べ貧困地域の方が低質の状態であり，しかも貧困地域では居住者間の貧困や移動性の制約によってその否定的な影響が最も増強されることが持続的に現れている実態が明らかにされている（Speak and Graham, 1999）。

Kempen（2002）は，例えば同質の社会的集団や同様の問題を抱えているよ

り多くの人々が同じ公共サービスを利用しようとすると「過密（crowding）」の問題が発生するため，特に貧困地域に居住している人々は，余儀なく待機や順番待ちで無用な時間を消耗することがよくあると述べている。

　最も具体的な例として，貧困な地域における教育の問題が挙げられよう。貧困地域の場合，子どもの教育に関する施設や教育サービスの質の低さやその利用可能性という面においても問題を抱えている場合が多い。子どもたちはきめ細かな関心を持って扱われることがなく，将来に対する展望が持ちにくくなる場合もある。しかも，家庭の経済状況が厳しいと考えている生徒たちは，不登校や家出，集団いじめ，暴力などの問題を経験した割合も相対的に高いことが示されている。それらは，家庭や学校，地域社会から適切な保護を受けられず，非教育的環境に露出されている点と関連していると思われる。また，低所得層の場合，保育に関する欲求を強く持っているものの，そのニーズに応じうるプログラムは提供されておらず，さらに自力でそれをまかなうための教育費の負担も重いのが現状である。既存の施設も財政が脆弱であるため，老朽化が進み，教育用設備や用具の不足，教員の専門性の不足等によって良質のプログラムが提供されていないのが現状である。なお低所得層地域の教師たちは業務負担等によって生徒との接触機会が不十分であることも指摘されている（イ・インジェ，2003）。韓国では，そのような問題認識の下，注目すべき新たなプログラムが2003年から2年間のパイロット・プロジェクトで実施された。すなわち，教育に対する実質的な機会均等のための積極的な差別是正政策の一環として，農・漁村や都市低所得層密集地域を対象とした「教育福祉投資優先地域支援事業」である。当時，ソウル特別市と広域市等の人口規模100万以上の大都市でパイロット・プロジェクトが実施された。ソウル6，釜山2の，総8地域である（シン・イクヒョン，2003）。

　質の良い医療に関するアクセスも，人生のすべての段階において重要な影響を与える。保健や医療関係の施設がないか，あるいは居住地の近くで利用できない地域で疾病にかかった場合は，学校や仕事を長く休まざるを得なくなる。また，喘息や糖尿病などのような慢性的な疾病を抱えている人々は，適切な治療を受けられず，他の地域なら十分に営めるような正常的な暮らしが地域性故にできなくなるのである。

剥奪された社会的不利地域における居住者のニーズと公共サービスは，釣り合わない場合が多い。Duffy（2000）によると，貧困の集中している地域の場合，サービスに対する需要が高いのに比べ，サービスの質が低いからである。特に居住環境に関連するサービスや設備に関しても，貧困地域に居住している人々は，劣悪な住居及び保健衛生施設，そして様々なインフラ関連のサービスにおいて不利益を被っている。例えば，上下水道や暖房，電気等においても問題を抱えているのである。その他にも狭小な住居空間に多くの世帯員が居住することによる過密の問題もよく指摘される。この場合，私生活の保障が困難になり，家族構成員間の葛藤と無秩序をもたらすこともある。劣悪な居住環境に関連したもうひとつの問題は，健康と疾病問題である。低所得層は低所得で劣悪な居住環境で生活しているため，各種疾病や災害に直接的に露出されており，限りなく健康の脅威を受けている。そのような健康と疾病の問題は医療費の過多支出と関連しており，さらに貧困の原因に繋がる問題となる。
　第三に，「社会化及び社会的ネットワーク」の効果である。
　社会的なサポートや経済的な機会は，「社会的なネットワーク」にかかわっている。また，それらのネットワークは，地理的条件に基づいている。濃密な地域社会ネットワークの存在は，居住者に対しては心理的な安心感や情報や資源の共有をもたらし利益となる場合もある。
　一方，地域のネットワークは，問題にもなり得る。例えば，居住者にとって，ほとんどの場合に雇用機会を得るのは，人を通して得る場合が多い。しかし，適切な賃金をもらう仕事に就いている人が少ない地域で居住している場合は，そのような機会を得ること自体が非常に困難になる。なお，そのような効果は，就業の機会から切り離されるかもしれない青少年たちにとって，特に重要である。なぜならば，ほとんどの剥奪された社会的不利地域では彼ら／彼女らが仕事に就くために手助けになってくれそうな「雇用された人々」と知り合う機会がないからである。
　また，これらの地域に基づいたネットワークの重要性は，地域の境界を越えた外部のネットワークとの繋がりの如何による。居住地域を越えた強いネットワークを持っている人は，身近な環境による影響を少なく受けるからである。広がりを持つネットワークを通して彼らは情報やサービス，機会とサポートを

得られる。しかし，そのような地域の範囲を超えた広いネットワークに欠けている場合は，むしろ地域内部のサービスやサポートに多く依存することになるかもしれない（Ellen and Turner, 1997）。その結果，地域外部とのネットワークが脆弱な個人や世帯は，地域効果による，しわ寄せをより一層受けることになるのである。

　貧困の集中と社会化や社会的ネットワークに関する議論において中心になる用語は，「社会的孤立（social isolation）」である（Kempen, 2002）。また，「社会的孤立」は，地域効果を生み出すのに重要な状況ともみなされている（Atkinson and Kintrea, 2004）。社会的孤立は，物理的，あるいは地理的な孤立とは異なった形として経験される。例えば，地域的にはよく統合されているにもかかわらず，都市における他の活動の分野からは遠ざかっていることも往々にしてあるからである。Atkinson and Kintrea（2004）は，孤立した貧困地域においては概ね3つのメカニズムが働いていると述べている。第一に，孤立は貧困地域に異なった形での社会関係資本（social capital）を導いていること，第二に，隅々まで貧困が行き渡っている地域での社会化のプロセスは，居住者の期待や覇気を押し下げるように働く場合があること（例えば，Wilsonの言う，「役割モデル（role model）」の欠乏（Wilson, 1987））、第三に，居住者は，他の地域に居住している相対的に豊かな人々との繋がりを持てず，地理的に制限された社会的ネットワークに止まらざるを得ない。

　ところが，地域効果のアプローチは，他の社会や，経済一般，政策的な文脈とは独立的な影響を及ぼすとみなすのも問題である。したがって，地域が関係している諸領域との関連性も視野に入れることが必要である。つまり，都市の経済力は地域問題を改善させたり，悪化させることができ，地域を越えた公共政策は，特定な地域に基づいた事業よりもより一層居住者の生活に影響を及ぼすかもしれないという広範囲な文脈において地域効果を認識すべきであるのである。図表5-3はそのような広範囲の文脈における地域効果の位置を示している図である。

　以上，地域効果の含意と，社会的排除との関係性を図る上での有効性，そして社会的排除をもたらす様々なメカニズムについて検討してみた。以上の内容を要約してみると，地域効果は様々なものが考えられるが，その中でも，3つ

図表 5-3　広範囲な文脈における地域の位置づけ

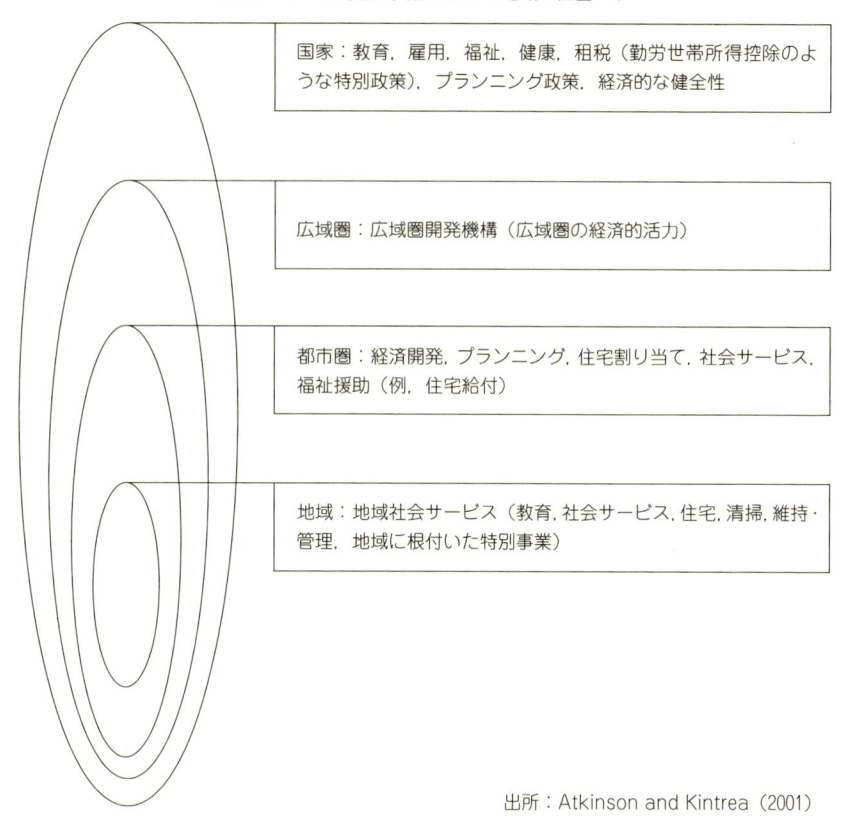

- 国家：教育，雇用，福祉，健康，租税（勤労世帯所得控除のような特別政策），プランニング政策，経済的な健全性
- 広域圏：広域圏開発機構（広域圏の経済的活力）
- 都市圏：経済開発，プランニング，住宅割り当て，社会サービス，福祉援助（例，住宅給付）
- 地域：地域社会サービス（教育，社会サービス，住宅，清掃，維持・管理，地域に根付いた特別事業）

出所：Atkinson and Kintrea（2001）

の類型が主なものとして挙げられる。第一に「立地・貧困の集中効果」，第二に「サービス効果」，第三に「社会化・社会的ネットワーク」による効果である。これらがもたらす主なメカニズムとしては，「集中効果」，「過密」，「地域内外のネットワーク」などによる様々な地域効果の産出（output）で，例えば，教育，健康，経済的な機会などへのアクセスや利用可能性を妨げ，さらには社会的孤立（social isolation）などを生じさせ，結果的に，地域に対するスティグマやラベリングなどを与え，地域における居住貧困化を悪化させる社会的排除のメカニズムとして機能していることが確認できる。

そこで，前記の地域効果と関連して，地域における社会的包摂や排除の性格

図表5-4 社会的包摂・排除に関連した地域の類型

		社 会	
		包 摂	排 除
地域	包 摂	1	2
	排 除	3	4

出所：Berman and Phillips（2000）を再構成

を社会に関連付けて考えてみると図表5-4のような類型化が可能である。

　まず、1に該当する地域とは、社会的にも地域的にも包摂されている状態である。それに対し、2の地域とは、社会的には排除、つまり社会の制度や組織との関係性から排除されている状態ではあるが、地域的には包摂されている場合である。その場合、地域の濃密なネットワークなどによる結束型の地域が想定できる。また、その反対に3に該当する地域は、社会的には包摂されているが、地域においては排除されている地域で、上記の文脈から言うと社会的な制度や組織に対してはより包摂されているものの、地域そのものにおいては排除されている状態を言う。最後に、4に該当する地域の類型は、社会の制度や組織、そして地域からも排除されている、いわば最も排除されている極限的な状態におかれている地域を表象していると示すことができる。つまり、地域効果における地域と社会的包摂・排除の類型化によっては以上のようなものが想定できると考えられる。言い換えると、地域における包摂や排除は一様の状態ではなく、多様な類型の状態が想定されると言えるのである。

　それでは、最後にまとめとして、以上で論じた地域効果と社会的排除に関する関係図を示すと図表5-5のようになる。

4 ｜ 社会的不利地域への再生プログラムから包摂型社会を築く

　以上、社会的排除と居住との関係において地域レベルの効果と住居との関係性という観点から、理論的な含意と既存研究から明らかになっている点などについて検討してみた。居住分野における社会的排除との関係やそのメカニズムは多岐にわたっており、それらがもたらす効果は、居住分野に限定されることなく、居住者にとっては社会参加のための機会などに直接・間接的な影響を与

図表5-5　地域効果と社会的排除の関係図

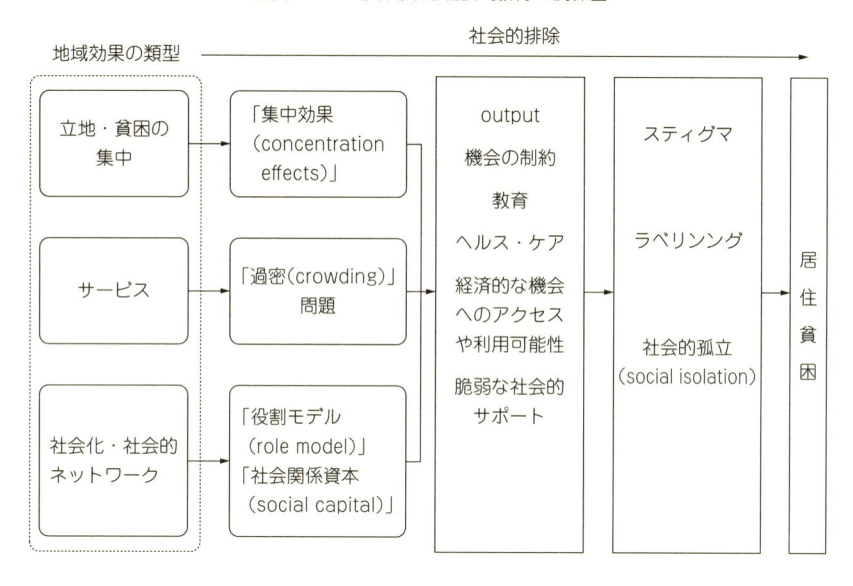

地域効果の類型		社会的排除		
立地・貧困の集中	「集中効果(concentration effects)」	output 機会の制約 教育 ヘルス・ケア 経済的な機会へのアクセスや利用可能性 脆弱な社会的サポート	スティグマ ラベリング 社会的孤立(social isolation)	居住貧困
サービス	「過密(crowding)」問題			
社会化・社会的ネットワーク	「役割モデル(role model)」「社会関係資本(social capital)」			

えている。また，そのような居住分野における社会的排除に対応するための居住政策でも多様な観点や対応が見られている。

　居住貧困に対する既存の対応は，占有形態を中心に捉えられてきたのだが，その視点だけでは居住分野における社会的排除のより複雑なメカニズムを確認することは難しい。そのような観点から居住分野における社会的排除には3つの特質があることを取り上げることができた。つまり，「排除の集中」や「持続性」，そして「排除の複雑性」である。それらの特質について居住分野における社会的排除が様々な政策領域との関連の下で検討される必要があることが認められるのである。それは基本的には社会的排除が「分配的問題」から「関係的問題」への視点移動という側面をもっており，そのような関連性の下での居住貧困化のメカニズムを確認することは，社会的排除に関する対応において有効なアプローチになる。なお，上記のような内容は，基本的にそれらへの具体的な対応においての既存のそれとは異なる変化が求められている。

　近年，社会的排除における地域効果は，ますます大きな関心を集めてきている。とりわけ，都市における社会的排除では，特定の地域への社会的不利の集

中が問題として指摘されるようになり，そのため居住者は最も市民的権利から排除され，社会参加への機会がより閉ざされる結果を生み出すことが指摘されている。その点でそのような結果をもたらす役割，つまり「地域効果」に関する対応は，最も注目を要することなのである。地域効果とは，教育，雇用，健康，住環境のように結果に膨大な影響を及ぼす重要な要因である。しかし，そのような「地域効果」に関しては，いくつかの議論が存在し，中には地域効果の相対的な重要性を他の諸要因（例えば，マクロ的な構造的な要因）と比べ軽視する観点も存在する。

　しかし，一般的に「地域効果」に対する有効性については多くの論者が注目しており，貧困な地域と社会的排除間の関係に対して，より真摯な対応が必要であることが指摘されている。また，そのような主張は宣言的なものに留まることなく，実際の政策領域でも実行されており，イギリスの一連の剥奪された社会的不利地域への優先的なプログラム（area-based initiatives, ABIs）はその良い事例となっている。そのような「地域効果」について前節で取り上げたのは，3つのカテゴリであった。つまり，第一に「立地・貧困の集中効果」，第二に「サービス効果」，そして最後に「社会化・社会的ネットワーク」による効果による社会的排除の問題である。また，それらの効果による主なメカニズムとしては，不利な立場に置かれた人々が圧倒的に多い地域で見られる機会の制約を意味する「集中効果」，同質の社会的集団や同様の問題を抱えているより多くの人々が同一の公共サービスを利用しようとするため発生する「過密」，そして，地域に基づいたネットワークと地域を越えた外部の組織や制度とのネットワーク等，異なる社会関係資本の存在を意味する「地域内外のネットワーク」などである。それらのメカニズムは，居住者がある地域に居住しているのかどうかによって生の機会へのアクセスが制約，あるいは拡張され，とりわけ前者の方は居住地域における社会的排除を深化させるメカニズムとして機能するようになる。

　そのような具体的な例として，例えば，教育，健康，経済的な機会などへのアクセスや利用可能性などが挙げられる。またそれは社会的孤立（social isolation）等を生じさせ，地域に対するスティグマやラベリングなどを与えることになり，地域内での居住貧困化を悪化させる社会的排除のプロセスとして

機能することもある。一方，そのような「地域効果」による地域の類型はいくつかに分けることが可能である。それを社会の質という象限に当てて分類してみると「地域」と「社会」に対する排除と包摂の属性が異なっている。それによって排除のされ方が異なるので現状に即した対応が求められるのである。

〔註〕
1） アメリカのレッドライニングについては，大塚（2001）を参照されたい。

Ⅲ部　包摂都市に向けた理論と実践

06章 多文化コミュニティワークによるコミュニティの再興

1 | 災害と社会的脆弱性

　災害やその後の復興にかかわる先行研究の多くは，自然災害によるインパクトは，個々人の脆弱さや置かれている状況の違いによって，不平等に振り分けられると指摘されている (clark et al., 1998)。また，既存の社会的脆弱性 (pre-existing social vulnerability) が実際の復興支援プロセスにおいても不利に働くことも報告されている。実際，1994年にLAで起きたNorthridge地震後の米連邦支援プログラムの支援プロセスにおいても同様の問題点が指摘されている (Nabil et al., 2004)。一方，被災当事者としてのエスニックマイノリティに対しては，支援の対象としては議論されるものの，復興プロセスに主体的に関与している点への関心は低いように思われる。本章では，2011年3月11日に発生し大きな被害を生んだ東日本大震災の例を取り上げ，被災したエスニックマイノリティの被災経験と，その後の復興プロセスにおける彼ら／彼女らの主体的な関与プロセスを紹介する。本章の目的は，震災前の社会的な背景が震災に及ぼす影響を検討すると共に，支援団体の役割や復興過程におけるマイノリティ当事者の参画プロセスを明らかにし，支援・被支援の関係を超えた新たな多文化共生社会としての日本の「移民政策」を展望することである。

　本章は，被災外国人当事者6名（韓国系：3名，中国系：1名，フィリピン系：1名，ブラジル系：1名）と外国人支援団体（4団体）について行ったインタビュー調査内容によるものである。

2｜東北3県の在住外国人の現状

　都市部のような外国人の集住地域と異なり，大震災の被災地となった東北3県は，いわゆる外国人の散在地域といわれている。その中でも特に結婚を契機に来日し，定住した女性が多く，農漁村の厳しい結婚事情を反映している。農漁村での花嫁不足に対応し，1980年代半ばの一時期に行政が結婚の仲介を進めたこともあった。しかし各方面から様々な批判を受けて中止となり，その後農漁村の結婚事情の根本的な解決策が見えないまま，民間の仲介業者や知り合い等による非公式な仲介によって結ばれた国際結婚が広がっているのが現状である。その中には暴力団が暗躍する組織的な結婚仲介もあり，それによる被害も指摘されている（「偽装結婚仲介容疑ブローカーら逮捕」，朝日新聞（東北全県2009年9月11日付）「農村部男性に外国人女性紹介し高額手数料：結婚仲介トラブル相次ぐ」，朝日新聞（東北全県2010年10月16日付））。外国人の住民が散在していること，また，出身国での個人的な事情やブローカーなどによる非正規の移民ルートが存在していること等による「特殊な」事情が絡み合い，生活実態はもとより，外国籍住民の東日本大震災による被災状況も見えにくくなっているのが実情である。

　法務省が2011年8月19日に公表した「登録外国人統計」によると，2010年の全国の外国人登録者数は2,134,151人で，全人口に占める割合は約1.7％となっている。1991年末と比べると約90万人が増加しており，その中でも90年代末からの増加が目立っている。国別にみると中国が圧倒的に多く，その次が韓国・朝鮮で，その2つを合わせると全体の6割弱となっている。その後にブラジルとフィリピンが続く。1990年の入管法改正により，国内での就労に制限のない「定住者」資格が付与された日系ブラジル・ペルー人の場合，2008年のリーマンショック以降多少減少してはいるものの，2010年末段階でも30万人弱が居住している。その他，1991年には6万人強であったフィリピン人は，2010年末には約21万人となり3倍以上に増えている。このように増え続けてきた在日外国人であるが，日本での生活はそれぞれ異なる特徴を見せている。まず，ブラジルやペルー人のような日系南米人の場合，多くは「定住者」の資格を持ち，製

造業等に従事していた。今回の震災でも沿岸部にある水産加工業に従事していた人が多くいた。一方，1990年代末より韓国・朝鮮や中国籍の人々が急増している。韓国・朝鮮の場合，旧来定住者（Old Timer）である「在日」の人々が加齢や帰化等によって年々減って行く傾向にあることを考えると，多くが新来外国人であることが推測できよう。1990年代末は通貨危機に端を発する経済危機がアジア各国を襲った時期であり，送出国の経済事情の悪化と，受け入れ側の日本のニーズがマッチしたことによるものではないかと考えられる。その背景のひとつとしては，農漁村の花嫁不足の問題が挙げられる。国際結婚の数は1990年代に入ると80年代半ば（12,181組）に比べ倍増して25,626組に達し，2009年には34,393組となっている。その中でも「夫日本・妻外国」の場合が26,747組と8割弱を占めている。妻の国籍は，中国（12,733組，47.6％），フィリピン（5,755組，21.5％），韓国・朝鮮（4,113組，15.3％）の順で，上位3カ国が全体の8割を占めている（厚生労働省，2010，「夫妻の国籍別にみた婚姻件数の年次推移」）。今回の大震災に際して調査を行った宮城県石巻市，名取市，女川町等でも結婚移住者が多くいた。その一部は家が流されたり配偶者を亡くしたりしている。本人が犠牲となった場合もあるが，その犠牲者総数はまだわかっていない（「外国人犠牲者の把握難航＝大震災で23人死亡-さらに増える可能性も」jiji.com: 2011/04/25）。本章では，今回の震災で被災した外国人やその支援に回った地元団体へのインタビューに基づいて，震災前の生活や震災当時の状況・避難生活，支援活動の内容や課題等について紹介する。日本では，2001年に，主に1990年以降新たに来日した外国人が集住する都市が集まり，外国人住民を取り巻く課題と解決策を共に考え，国や県に提言する「外国人集住都市会議」というのが発足した。2014年4月現在，この会議に参加している都市が全国に26カ所あるが，そのような集住の形を特徴とする都市型とは異なり，外国人が散在して居住している地方の場合，防災という観点から外国人の生活支援をどう考えていくべきなのだろうか。短期滞在ではなく日本に定住している結婚移住者の人々は，現在人口の減少や配偶者不足にあえいでいる農漁村の家庭や産業を支え，地域の高齢者の介護までを担っている。地域を支える一人としての外国人住民を，どのようにムラの中で受け入れていくのか，本章がその課題を考える際の一助となることを切に願っている。

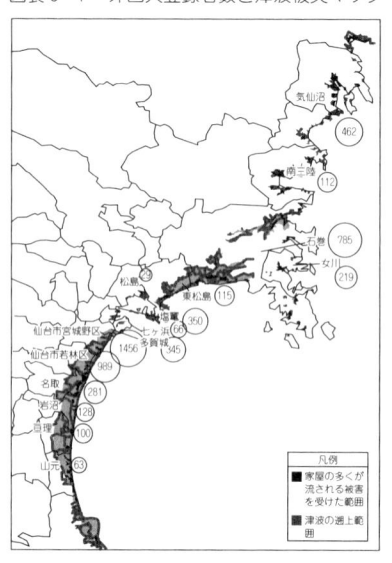

図表 6-1 外国人登録者数と津波被災マップ

出所：宮城県国際交流協会提供

　それでは，次に，被災地を訪問し，面接調査を行った被災外国籍の住民について紹介しよう。まず，今回インタビュー調査を行った6人の内で，2人は結婚，2人は特定目的（たとえば，興行のために来日），一人は留学を契機に来日，もう一人は旧植民地を背景に持つ日本生まれ・日本育ちの在日韓国人で全員女性である。この6人に対しインタビュー調査を行った。その概要をまとめたのが図表6-2である。

　それでは，次に，実際に今回の震災で被災された外国籍の住民を訪ね，震災当時の状況や避難生活についてうかがった話しを紹介しよう。2人は結婚を契機に来日した新来外国人の女性，もう一人は日本生まれの在日のおばあさんである。

3 | 被災外国籍住民の素顔

1 Rさん（韓国籍，I市在住・49歳，女）

　自宅で震災に遭い，義姉とともに車で近くの幼稚園に避難しました。自

図表6-2　インタビューの概要

	国籍	在住年数	来日の動機	母国での就労経験	日本での就労経験	日本の生活で困難な点	被災時に最も困った点
R氏	韓国	11年		焼肉チェーン店経営	医療通訳	日本語会話の習得	避難アナウンスの「タカダイ」という意味が理解できなかった点
O氏	韓国	10年		看護師	ホテルのベッドメイキング・食堂	姑のいじめ、地域住民からの異質的な眼差し	外国人ということで避難所での扱いが不公平に感じた（毛布の支給を受けられなかった）
S氏	日本	―	在日コリアン2世	―	陸送、居酒屋経営、調理	―	津波による喪失
M氏	フィリピン	37年	就労	ダンサー	ダンサー	―	自宅が流された
K氏	日本（元中国籍）	18年	留学	歯科医師	大学講師	子どもへの母語教育	自宅が一部損壊
A氏	ブラジル	16年	就労	ダンサー	ダンス講師	日本語の習得	ダンス教室が閉鎖

分より2台前の車が津波に飲みこまれるという光景を目の当たりにし、2ヶ月程眠れない日々が続きました。ヘドロと塩分を含んだ水は4日間引くことがなく、辛うじて自宅は残ったのですが、2階は危険が大きいため、8ヶ月経った現在もあまり使用していません。避難した幼稚園は高台にあり、責任者の判断でこどもを幼稚園内で保護したため園児全員が助かりましたが、自宅に帰るよう指示した別の幼稚園では、園児が逃げる途中で被害に遭ったと聞いています。公務員の夫の安否が確認できたのは震災後5日目で、その間は一切の情報が入ってきませんでした。最初に手にした支援物資は郵便局経由で届いた韓国からのもので、震災後10日目に携帯電話で連絡を取って韓国海苔等を郵送してもらいました。スーパーマーケットでは購入制限が続いていたので、ご飯と海苔、キムチだけの食事がしばらく続きました。指定避難所ではない幼稚園から自宅に戻ったため、行政からの支援物資は一度も受け取っていません。義援金を最初に受け取ったのは7月22日で、現金としては地震保険金の支払いが最も早かったです。しかし、震災後しばらく市内はスーパーやコンビニが強盗被害に遭うなど治安が悪い状態が続き、銀行のATMも遠方にあったため、お金を

引き出すことができませんでした。住居復旧のための行政の援助は無く，自宅の片づけをボランティアに頼んでも順番がなかなか回ってきませんし，実際には活動していないボランティアが多いというのがI市の実情でした。

　私は知人の紹介による婚姻で2001年に日本に来ました。韓国では焼き肉チェーン店を何ヶ所か経営していて，店が日本のメディアに紹介されたこともあり，何度か日本に来た経験もありました。しかし，店の借金が嵩み，自分にとっての逃げ場所が日本でありました。

　O半島では，韓国人女性だけ移送や配食から排除したという話も聞いています。震災前でも，韓国人のお嫁さんの姿がしばらく見えないと「逃げたのではないか」と噂されることがあり，周りからのよそよそしい視線を感じることが多くありました。日本語は独学で，日本に来る前から漢字を勉強していたので読むことはできましたが，会話ができるようになるまでは時間がかかりました。通常の生活でも，災害時でも，最も重要なのは言葉の問題だと思います。「タカダイに逃げてください」というアナウンスが流れましたが，「高台」の意味がわかりませんでした。現在は病院から依頼されて医療通訳をしています。自分も交通事故のときに「外国人だから」ということで不当な処分を受けそうになったことがあります。このような突発的な事態については，その場で自ら対処する力が必要だと思います。公的なボランティア登録もありますが，利用システムに時間がかかるのが問題だと感じています。中国・タイ・ベトナムからも新来外国人が来ていますが，中国人の多くは震災後帰国したと聞いています。I市では，外国人労働者や婚姻に際して違法ブローカーが関与しているケースが多いです。このような震災で経済難になると，ブローカーが関与する国際結婚が更に増えると思われます。国際結婚では双方が騙されているケースが多いので，「こんなはずではなかった」と早期に離婚するケースやDVに発展するケースもあるようです。また，自分の知り合いをブローカーに紹介するケースもあります。国際結婚が1組成立すると100万円以上の現金が動くと言われる程なので，斡旋による更なる被害を生まないためにも，韓国人同士は接触しない方がよいと考えています。騙されたとわかっても，入籍して1日でも一緒に暮らしたら法的にブローカーを裁く手立てがなく，自己責任となってしまいます。国際結婚する日本人男性の職業は，農業・漁業・日雇い労働者が多く，自分のように公務員が相手というケースはほとんどありません。「韓国人女性はお金もあまり使わず，自分や親の面倒

を見てくれる」と聞かされて，それを信用して結婚する男性が多いので，男性もまた被害者です。自分の夫も婚姻後3年くらいは，「いつ離婚を言い出すか」と心配していたようです。

　結婚で日本に来られた人の中には，周りからのよそよそしい視線を感じたり，家族の理解が得られなかったり，ひどい場合にはDV等の被害にあう人もいる。今回調査に応じてくれた人の経験を紹介する。

2 Oさん（韓国籍，N市在住・45歳，女）

　仕事中，外にいる時に被災しました。自宅にいる高校3年生の息子とすぐに携帯電話がつながりましたので，息子と犬を連れて避難し，高校の体育館で3日間過ごしました。すぐに避難した人は助かったと思いますが，津波を甘く見て逃げなかった人は飲み込まれてしまったと思います。家の周りはすべて流されてしまい，そのことを考えると今も眠れません。夫は別の地域で仕事中でしたので後に避難所で合流しました。なぜか毛布を支給してもらえず，3日間は新聞紙を敷いて寝床にしました。犬がいることと，当時風邪を引いていて咳がひどく，他の人に迷惑をかけると思いましたので，避難所を出て1ヶ月程は息子とともに知人宅で世話になり，夫だけが避難所に残りました。ローン返済中の家は住めなくなり，アパート等を探しましたが犬とともに入居できる物件がなく，ここに来ることになりました。この家は，持ち主であった主人が亡くなった後，親戚の反対から韓国人のお嫁さんが相続できず宙に浮いた状態にあったのを無償で借りています。損壊した自宅の義援金としていくらか受け取りましたが，修理費用としては到底足りなく，ローンを抱えていることから，今はどうすることもできないままの状態です。

　2002年4月に知人の紹介で現在の夫（54歳・ボイラー技士）と再婚して済州島から日本へ来ました。紹介で結婚する人は多いのですが，日本に来た当初は変な眼で見られたり，「すぐに逃げるのではないか」と周りから思われていたと思います。息子も小学校の時にいじめにあい，「韓国に帰りたい」と考えていたということを後になってから知りました。今では日本に慣れて大学受験を控えていますが，震災のトラウマで眠れないことが多いようです。日本での仕事はパチンコ店の客用の食堂で，震災後も就業しています。韓国では看護師をしていましたが，日本では資格を取り直さないと就業できません。日本での初めての仕事はラブ・ホテルのベッドメイキングで，「なんで自分がこんな仕事をしなければならないのか」という

思いと，忙しすぎて体を壊してしまったので今の仕事に転職しました。韓国ではお年寄りが好きで看護の仕事をしていましたが，日本に来て姑にいじめられたせいでお年寄りが嫌いになってしまったので，もう介護の仕事には就きたくありません。亡くなった今も姑から受けたいじめは許せません。姑に亡くなる直前に「韓国へは帰らないで，ここを守って」と言われたので今もここにいますが，その言葉がなければ無理だったと思います。現在の住居の周りでも若い人はあいさつしてくれますが，年寄りからは無視されて仲間に入れてもらえません。ごく近所の人を除いて，まだまだこの辺は排他的な土地だと感じています。

次は，日本生まれで日本育ちの在日コリアン女性の被災当時の状況とその後の生活を紹介する。

3　Sさん（韓国籍，O町在住・67歳，女）

コーチをしているスイミングプールで被災しました。プールの水が天井に届くほどのすごい揺れがあり，10人ほどいた子どもたち全員を親に引き渡すまで40分くらい現場にいました。山道沿いに自宅へ戻ったので津波には直接遭わなかったのですが，O町全体が水に浸かっていたので地域の勤労センターに避難しました。2日間は食べるものがなく，2日目の夜に笹かまぼこ1枚を食べたのが最初の食事で「命綱」と感じたほど美味しく感じました。山の上から見た町は何もかもなくなっていて，悲しいというより「見事」と思うほど全滅状態でした。震災に対する思いは人それぞれだと思いますが，自分は目の前で被害を見たわけではなかったのでまだ救われていると思います。町内の自宅や家財道具一切が全て流されてしまいましたので，手元に残ったのは被災時に身につけていた水着だけでした。多くのボランティアには感謝の念を抱いていますが，一部には怪しげな勧誘を持ちかけてくる人もあり，大震災のような究極の状態のときに人間の「素」が出るものだと感じました。O町はサンマの町で，昔は南米から働きに来る人が多かったのですが，最近ではほとんどが中国人研修生です。中国人研修生で亡くなった人はいませんでした。震災後は中国政府の指示ですべて帰国したと聞いています。

震災直後最も大変だったのはトイレで，若い女性はトイレが使えないことが辛いようでした。若者に対して，緊急時の状況に自分を対応させることができるような，メンタル面での「避難訓練」が必要ではないかと感じました。自衛隊の支援が入ったころから生活が戻ってきたと思うので，自

衛隊には感謝しています。避難所生活は7ヶ月近くに及びましたが，「自分でできることを何か始めたい」という思いから，避難所の中の調理場で自主的に炊き出しを始めました。その活動があって，現在，原発で働く労働者の賄いの仕事に就くことができました。自宅損壊の義援金として，県からと赤十字からいくらかもらいましたが，店に対する補償は何もありませんでした。現在の電力会社の仮設住宅は事業期間だけなので，事業終了後は別の村に移設されるのではないかと思っています。仕事付きであれば自分も移転する意向はありますが，まだどうなるかわかりません。自分は在日2世で，女ばかり8人姉妹の5番目です。「男でも女でも勉強することで今の自分の立場から脱皮できる」というのが親の持論で，両親とも勉強家であり，当時としては珍しく自分たち姉妹全員が高等学校卒業以上の教育を受けさせてもらいました。実家はS市にあり，若いころは陸送の仕事をしていて，男ばかりの職場で働いていました。1967年に結婚でO町に来て，男2人，女1人をもうけましたが20年前に離婚し，居酒屋を経営して生計を立てていました。息子の大学進学を考えて帰化申請をし，離婚のときも子どもの意見にしたがって夫の姓を名乗ることにしました。自分は韓国人ですので，いつも人より一歩引いた立場に自分を置くようにしています。ボランティアも積極的にこなして地域に受け入れられるよう努力してきましたので，帰化申請の際は「東北一早い」認定だと言われました。帰化してすぐに国民年金を申請し，現在受給しています。民団での活動はしていませんので，見舞金を受け取るのは申し訳ない気持ちがしました。民団は台帳を基に見舞金を支給しているはずですので，自分から民団に連絡していない人には見舞金はないと思われます。外国人登録だけでなく，昔は子どもの入学も自己申告しないと入れませんでしたので，自分から動かないと「置いて行かれる」という思いがあります。現在，子どもは東京に1人，仙台に2人いますが，子ども

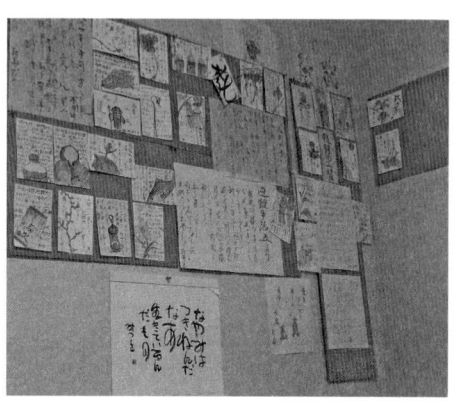

Sさんの仮設住宅居室に貼ってある絵葉書（「避難生活五か月」と書かれているものもある）
出所：2011年11月筆者撮影

たちに連絡したのは震災後2週間ほど経ってからです。元気なうちは自分で生活したいと思っていますし，居酒屋を再開したいという思いもありますが，自分の年齢では難しいとも思っています。

4｜東北型多文化共生とは何か

今回被災された東北3県で外国人支援や国際交流を進める団体には，各県及び市町村単位で活動を展開している国際交流協会がある。しかし，各協会の対象としている地域やそこに居住している外国人の特徴によって，活動内容や対象範囲は大きく異なる。例えば，都市型の例として財団法人仙台市国際交流協会（以下，SIRA）が行っている防災関連取り組みは，主として5つに分けられる。

> ①災害時ボランティアの育成：2011年度は約70名のボランティア登録があり，その5割は日本語が堪能な外国人住民で構成されている。
> ②外国人住民への多言語防災情報の発信：FMラジオによる外国語での防災情報の提供，多言語による防災マニュアルDVDの作成，横浜市国際交流協会が制作した使用頻度が高い言葉の「多言語表示シート」の配布，多言語での地震対策パンフレットの配布等。
> ③地域防災訓練への参加：町内会の防災訓練に外国人住民の参加を募り，住民との交流や防災知識の向上をはかる。
> ④関係団体とのネットワークづくり：災害時の活動を円滑に行うための外国人支援団体や防災団体との情報交換（年1回）。
> ⑤仙台市災害多言語支援センターの運営：災害時，言語や習慣の違いから支援を受けられない恐れのある外国人住民や旅行者を支援するために多言語で情報を提供するもので，2010年度から運営されている。

一方，宮城・福島・岩手3県は，留学生や観光客等が集まる仙台市のような都市型とは異なる特徴を見せている。共通するのは，農漁村の恒常的な花嫁不足に起因する外国人配偶者の増加による問題である。同協会では，結婚移住者やその家族が抱えるトラブル（このような国際結婚の背景には，冒頭で述べたような，それをビジネスチャンスとするブローカーの暗躍があり，日常的にトラブルが発生

しがちである）や，家族間の葛藤等による相談業務が急増しているのが現状である。そのため，東北3県の国際交流協会では，2007年度から3県合同で「東北型多文化共生」の担い手育成に向けた合同会議を行っている。そこで最も特徴的なのは，「東北型多文化共生」の中心軸を，外からの国際化ではなく「福祉」を切り口とする，「内からの国際化」を中心とする多文化共生の推進に置いていることである（宮城県国際交流協会大村昌枝企画事業課長へのインタビューによる）。

東北3県の場合，結婚移住者のほとんどが地域に散在した形で生活していることもあり，支援を求めて訪ねて来る人を待つのではなく，「置き薬」のように点在する各地域に足りなくなった薬を補充するような活動方式を取るようにしている。ここで最も功を奏したのが，宮城県国際交流協会が初期設立当初から支援し，各地で展開している「日本語教室」であった。震災後，多くの行政機関が被害を受け機能を失っていた時，地域の外国人の安否確認や支援活動にいち早く乗り出したのもこの「日本語教室」であったのである。地元の現状と居住者のニーズを身近なところで見守りながら，いざという時にセーフティネットとしても機能することができたのは，日頃の地道な活動があったからこそである。このような日常的な信頼関係構築のための「場」づくり支援の方法を，インタビューに応じた宮城県国際交流協会（以下，MIA）の大村課長は「東北型多文化共生」と紹介してくれた。一方，震災後いち早く東北にやってきた一部の外国人支援団体の中には，地元の現状を無視したまま，支援というよりは自らの都合のみを優先し，避難所から外国人だけを選んで支援しようとしたため，逆に外国人と日本人間の溝を深めるようなこともあったそうである（「外国人支援は自立を促すための支援であって，弱者をつくるものではありません」大村課

宮城県国際交流協会・国際情報誌に掲載された「みやぎ外国籍県民大学」

長)。

　また，今回の震災に際し，民族団体である在日本大韓民国民団（以後，民団と表記）宮城県地方本部の場合，震災後に同胞支援のために避難所に行ってみたところ，同胞に対する支援だけでは到底現状に追いつかないということに気づいて方向転換し，同胞も日本人も区分なく支援するという形で支援活動を行ってきたと述べている（民団宮城団長へのインタビューによる）。また，当地域の民団は，他の地域とは異なり，韓国から結婚移住してきた新来外国人の増加に伴い，旧来定住者である在日韓国人のための組織としては成り立たなくなっている。そのため現在は新来定住者も含めた相談事業や支援を展開できるよう，活動の範囲と内容を広げている。

5 | 外国人への支援と外国人による支援を乗り越えて
　　：参加と交流を通じた新たな移民コミュニティの形成

　では，次は，被災当事者から生まれた支援活動の内容について，支援団体のインタビュー調査からわかった内容を簡単に紹介しよう。

■1　阪神淡路大震災の経験が生んだ移民ルーツのコミュニティビジネスモデル
①エフエムわいわい

　阪神・淡路大震災時に，日本語の理解が不十分な地域住民への情報提供のために，ラジオというツールを活用して多様な住民自身が参加し，発信する多言語・多文化のコミュニティラジオ放送局として始まったのがきっかけである。東日本大震災後は，現地でのコミュニティラジオ放送支援（フィリピンコミュニティ向け）を行いながら神戸の活動との連携もとってきた。

②多言語センターFACIL

　28言語の翻訳・通訳センターとして，移民コミュニティとのつながりを生かしたコミュニティビジネスモデルとして，外国人の就労及び生活支援に役立っている。東日本大震災に関連しても支援コンテンツ提供等を現地の団体との連携の下で行ってきた。

■2　東日本大震災を乗り越える移民社会からの支援モデル
①Movimento Brasil Solidário（連帯ブラジル運動）

　3月26日に日本各地のブラジルコミュニティ・リーダーたちがブラジル大使

館に集まり日本社会と連携・協力する目的で結成され，その後ポルトガル語での情報発信や支援活動の中心を担ってきた活動である。全国各地からの物資支援の搬送等を行い，支援活動に向けた各地のネットワーク化を推し進めてきた。

② MIA外国籍住民サポーターとしての活躍

既に紹介したようにMIAは，独自で実施してきた外国人県民大学やその他の研修活動を通じて，定住外国人の自らによる支援活動への参画プロセスを創り出してきた。今回の調査でインタビューに応じてくれた方の中で3人は，MIAの外国人サポーターとして登録し活動に関わっており，今回の大震災に際しても被災者からの相談電話（ホットライン）や海外からの安否確認の問い合わせへの対応等を担当してきた。

6 | 外国籍住民や災害弱者と共に生きるコミュニティ防災を考える

本章では，被災外国人に焦点を絞り，震災当時の彼ら・彼女らの被災状況，そしてその後の避難生活について，主として被災者の語りの中からその実情に迫ってみた。そして，現地の外国籍住民への支援団体活動の中から支援や被支援の垣根を乗り越えた新たな共生社会におけるコミュニティ防災のあり方について考えてみた。本文でも触れたように，今回被災地域となった東北3県は外国人の散在する地域として知られている。これらの地域は，嫁不足に代表される厳しい結婚事情が共通している。その中で結婚を契機に日本で生活することになった外国から来た女性たちの中には，歓迎される存在というよりは「いつか逃げる」存在として扱われ，またその文化的な異質性を理由に家族からも排他的な視線で見られていじめを受けるなど辛い経験を抱えている場合がしばしば見られた。最後に，それらの経験を再度まとめて示唆点を得ることにしたい。

まず，結婚移住者の多くは，広い地域にわたって点在している。

そして，移住経路のほとんどは，3つの関門を経て，定住にたどり着いている。第一関門は就労や留学がきっかけとなる（M・K・A）。その後，多くは結婚を経験し第二関門（R・O・M・K・A）を通過し，子どもの進学や出産・育児

がきっかけとなり第三関門（S・K）としての帰化，あるいは日本国籍の取得に至る経路が確認できる。

　母国での生活困難や移住に至る経緯など，それぞれが抱える複雑な事情のため，連帯を避けて孤立する傾向もある（R）。その他，日頃の家族関係によって多大なストレスを抱えている場合もある（O）。日本語の習得や日本の文化・慣習への適応など，日常生活に不安を抱えている場合も多い。とりわけ新来定住者共通のニーズに対応するため，福祉を切り口に地域に出向いて必要な情報を届ける活動方式を特徴とした「内なる国際化」を図る支援モデルも芽生えている（MIA）。MIAは，日常生活の大きなストレス要因である「言葉」の問題解消のため，各地に「日本語教室」を設置している。この日本語教室による日常の関わりが非常時にはセーフティネットの役割を担ったことを鑑みると，今後の多文化社会におけるコミュニティ防災を考える際に有効である。今後このような身近な生活資源を各地に増やしていくことが課題でもあるように思われる。あえて言うならば「生活防災」のための地域資源作りといえよう。そして住民の一人が指摘したような，外国人にやさしい防災用語づくりとその普及も大切な課題である。なお，今回取り上げた東北３県における取り組みの中で特記すべき点として，新来定住外国人自らの参画によって，地域に必要な人材として定着していることである。東北３県の国際交流協会はそのような問題に対し率先して「内なる国際化」を掲げ，外国人住民の定住支援のためにきめ細かな生活相談等を行っている。このような生活に密着した「東北型多文化共生」の在り方には，多くの示唆点がある。人口の減少と高齢化で，より一層厳しさを増している農漁村の家族と生活を支え，さらに介護の担い手役にもなっている彼女たちの「防災」について，もう一度日常的な面から考えて課題解決と地域共生に取り組んでいかないとならない。

07章 コリアンコミュニティの地域再生と居住支援

1 | コリアンコミュニティと社会的不利

　近年貧困の所在が都市へと移り,「貧困の都市化（Urbanization of the poverty）」と認識されるプロセスが注目を集めている。その中では都市内における特定の地域への「社会的な不利」の集中に焦点が当てられ,そのようなメカニズムによりもたらされる社会的排除に対する地域のダイナミックな役割・効果に最も大きな関心が集まっている。社会的排除とは,（都市）社会における参加の欠乏に対応するための規範的な概念である。もちろん社会的排除は都市に限った問題であるとは言い難いが,特に都市における社会的排除に関しては,特定の地域へのはく奪の集中が問題として指摘されている（Atkinson & Kintrea, 2001）。社会的排除は,人々が次第に完全なる市民として享受できるような利益から閉ざされるダイナミックなプロセスに関連して使われてきたため（Walker eds., 1997）,はく奪が集中している地域の居住者は,最も市民的権利から排除される結果に陥りがちである。その意味で居住における社会的排除のひとつの側面においては,不利益を被る世帯の空間的な集中に対する問題と,それによる社会参加への制約や社会からの隔離を及ぼす場所の問題,すなわち地域が独自に持つ負の効果に関する問題を伴う。一方,はく奪が集中する地域に関連した議論の中では,その問題が持ち家か借家かのような住宅における特定の占有形態に限らない（Somerville, 1998）という主張もあり,言い換えれば,社会的排除の諸プロセスは,様々な類型の占有形態の文脈において生じうるのであり,社会的排除における占有形態を越えた地域の役割について,最も注目が必要となる。既存の文献の中には,不利益世帯の空間的な集中が必ずしも問題とはいえないと指摘しているものもある。つまり,不利益世帯のように同質

的な社会的集団の集中が機能的役割を果たし，家族とは異なるネットワークを形成・維持する可能性について注目しているのである。しかし，その場合においても公共的なサービスへのアクセスや社会的ネットワークの形成・利用において制限を受けることが，社会的排除を加重させるメカニズムとして機能することも多い。そのため，多次元的なはく奪の集中による地域の効果に注目を要する必要がある。

　以上のように，近年，社会的排除における地域の役割に関する関心が高くなっており，地域が教育，雇用，健康，住環境などに大きな影響を及ぼす要因になる恐れがあることが既存の研究から示されている。地域を通じた様々な不利益への対応は，排除に抗するために欠かすことのできない課題でもある。とりわけ，経済のグローバル化による産業再編や資本移動の増加に伴う経済社会的な脆弱性の深化は，社会的に不利を被っている人々へ最もしわ寄せがいき，なかでもそのような人々が集住する地域では，居住階層による脆弱さ（vulnerability）の増大と，当該地域によりもたらされる，いわゆる「地域効果」による問題が危惧されている。地域効果とは，特定の地域に居住することによって生ずる社会的・経済的機会に関する独自の効果をいう。これによると，はく奪された地域に居住する恵まれない人々は，社会的にミックスされた地域に居住する人々に比べ，生の機会がより縮減する可能性があることが示されている。既に欧米では，地域が貧困や社会的排除に結びつく問題を同定し，それぞれの特定地域にフォーカスを当てた地域再生プログラムが実施されているものの，日本ではまだそのような研究や実践は乏しい。そこで，本章では，以上のような問題認識に基づき，地域効果により社会的に不利を被っている地域を「社会的不利地域」と称し，地域当事者を含めた共同調査体制を通じて調査を行い，不利地域の再生に資するための知見を提示したい。そのような意味で本稿は，不利地域に関する連続研究の第一番目に位置づけられるもので，これまで日本の都市政策や社会政策からも制度的に認知されず，不法占拠や非衛生的な居住生活，無年金状態の中での経済的なはく奪を余儀なくされてきた「在日コリアンコミュニティ」を中心に行った研究内容を紹介することにしたい。

　日本における在日の歴史は既に100年を超えている。その中で在日の住民の人権や歴史等については研究の蓄積が多いものの，それらのコミュニティの成

立や，変容，住民の暮らしや居住環境，当該地域における共生のまちづくりのあり方にまでは十分な関心や研究が及んでいないように思われる。そこで本章では，第一にそのような在日コリアン集住地の成立過程とその後の展開や変容，そこで暮らしている住民の居住及び生活実態を明らかにすることと，第二に在日コリアンコミュニティの現状を把握するため，最も社会的ニーズが高く，今後の地域再生において重点的な配慮が必要と思われる高齢者の生活ニーズと居住実態を把握するために行った調査結果等を示しながら，今後同様の地域における多文化福祉のまちづくりのありかたを提示する。

2 | 本章で対象とする地域

本章では，コリアンコミュニティの成立と変容過程，そしてそこでの暮らしや生活の営みに注目し，これまでに実施した研究による知見を紹介する。調査に当たり，在日コリアンの多住地域を「都市型」(東京都立川市・伊丹市・大阪市・京都市) と「地方型」(和歌山県和歌山市・海南市・御坊市・新宮市) とに分けて調査を行ってきた。本章では，その中で，都市型として調査を行った大阪市西成区北西部の在日コリアン多住地域，そして地方都市からは和歌山県和歌山市，海南市，御坊市を対象に実施した調査内容からの知見を紹介することにしたい。地方の場合は，利用できる関連資料の制約のため「和歌山新聞」「日高新聞」など和歌山市界隈の地元紙を対象に在日コリアンの関連記事を収集するなど，１次資料の収集にも努めてきた。その他，都市型と地方型の当該地域居住者（とりわけ，地元コミュニティの変容に詳しい１世・２世を中心に）へのライフ・ヒストリー調査（約30名）を行ってきた。ライフ・ヒストリー調査とは調査対象者の「ライフ・ヒストリー（生活史）」を「生活構造」の持続・変容過程として捉える方法である。このような「ライフ・ヒストリー」には，具体的に口述史（オーラル・ヒストリー），自伝，伝記，日記など様々なものがあるが，最近は口述史の聞き取りが主要な方法となっている。口述史とは，調査者の質問に応える対話形式で調査対象者が生まれてから今日までの歴史を語ってもらうものである。それをICレコーダーで録音し，その録音した声を逐語的に文字化したものを活用する（谷, 1996）。

そのようなライフ・ヒストリーの関連用語には,「ライフ・ストーリー」等があるが,両方とも現代社会の変容過程における「現代社会の異質化」や「生活世界の多元化」,「ライフ・ヒストリー」の更なる増大,深化の趨勢の中でBertaux（2003）が「状況のカテゴリー」[1]と呼んでいる社会的なマイノリティに主にフォーカスを当てている。

さらに詳述すると,まず上記の「生活構造」とは,「生活主体としての個人が文化体系及び社会構造に接続する,相対的に持続的なパターン」を指し,また生活主体とは,「社会の階層構造と地域（コミュニティ）構造とに,家族を通して接続するというパターン」（谷,1996より再引用）を表している。さらに,生活構造とは,集団参与や社会関係の総体を通して,生活主体が階層構造と地域構造へと,すなわち社会構造へ関与する様式と定義される（谷,1996）。ライフ・ヒストリー法は,そのような生活主体,つまり本章ではエスニックマイノリティとしての在日コリアンが社会構造へと関与する様式を捉えるための研究方法である。本章で対象としているコリアンコミュニティで生活している高齢者の多くは,時には自らの意志に反して日本で暮らす中,様々な差別や社会的排除を経験しながらも,100年を超える歳月を日本社会の異質的な存在として生きてきた集団である。したがって,それらの生活過程が社会的構造と関与するプロセスやメカニズムを説明するのに最もふさわしい研究方法はライフ・ヒストリー法であり,本章においても調査対象地域の居住者へのインタビュー調査から聞き取ったライフ・ヒストリーを基に分析を進めることにした。なぜならば,本章は,コリアンコミュニティという特定の地域に関連した社会的排除の中から地域（あるいはコミュニティ,またはエスニシティ）と社会とのかかわりという関係的な側面や,それによって排除やはく奪化をもたらすメカニズムという動態的な側面を明らかにすることを目的としているためである。そのためには,当事者による,当事者自身の自分史の語りへの聞き取りが何よりも有効なのである。

言い換えると,調査対象者に対する深層的な聞き取り調査を通じたライフ・ヒストリー法は,調査対象者が生活経験を再構成するナラティヴの中で,在日コリアンとしてエスニックコミュニティで生きてきたことがどのような排除につながり,社会参加に影響を及ぼすことになったのか,時間的なパースペク

ティブやメカニズムの全体関連性を明らかにすることができる。なお，調査を行う過程で，現在在日コリアンコミュニティの置かれている大きな不利問題のひとつとして，当該コミュニティに居住する居住者の高齢化問題があることを確認できた。現在も無年金問題や貧困に苦しんでいる多くの在日コリアン（1世・2世）が亡くなりつつあるのに加え，3世や4世など若い世帯の地域からの流出も進んでいる。本研究ではそのような現状の問題を踏まえ，多様なライフ・ヒストリーの記録化作業と並行しながら，高齢化問題と共にコミュニティの瓦解が進みつつある現状に多くの研究関心を傾け，研究を進めることにした。

高齢化問題に関しては，これまでの調査の中から，コミュニティの崩壊が進んでいる地方型に比べ，都市型の方がまだコミュニティとしての形が成り立っているため調査設計が立てやすい点を考慮し，聞き取り調査と，大阪市西成区に関しては並行して質問紙調査を行った。調査に際しては，地元団体の協力をあおぎ，住民当事者と調査チームを構成した。調査対象は，民団西成区支部が所有する団員名簿（以下，団員名簿とする）の中から，当時65歳以上の団員751名を対象として調査を行うこととした。団員名簿には西成区に居住していたもしくは西成区で仕事をしていた在日コリアンが含まれる。高齢者については名簿に最近の動向が反映されていないため，751名すべてに事前に調査依頼を郵送したうえで，転居先不明で返却されたものや既に死亡していると回答があった団員は母数からのぞき，結果706名の団員名簿が対象となった。

西成区には77の町丁目が存在する。そこで団員名簿から確率比例抽出（SPSS15による全ケース5％無作為抽出）によって，25の町丁目を対象とし，対象の町丁目に居住する在日コリアン高齢者438名を今回の調査対象とした。

3 | 在日コリアンコミュニティの形成過程

本章では，これまで都市政策や社会政策の分野においてあまり関心の対象とされてこなかった在日コリアンコミュニティに注目し，コミュニティの形成と展開，変容過程を明らかにしていくことを主目的としている。具体的には，地域に居住しながら受けた差別経験や，それにどのように立ち向かい乗り越えてきたのかについて，在日コリアンコミュニティの生活防衛と生活構築に向けた

コミュニティの営為に注目しながらライフ・ヒストリー調査を行い,当該者の生活体験を中心に分析を行った。さらに後半部では,大阪市西成区北西部で行った在日高齢者の生活及び居住実態調査から得た知見に基づき,今後の地域再生の方向性について模索した。

本章では,和歌山県・大阪市西成区における在日コリアンコミュニティの形成と展開,そして変容に関連し,ライフ・ヒストリー調査を通じて得られた質的なデータの分析内容に基づき,在日コリアンコミュニティの形成過程と生活の有り様をあぶりだすことにしたい。

■ 地方都市におけるコリアンコミュニティ

：和歌山県におけるコリアンコミュニティ

①和歌山県内の在日コリアンの人口動態

和歌山県におけるコリアンコミュニティの形成は,同県における在日コリアンの人口変化と同地域における産業の再編プロセスとも密接な関連を持っている。

まず,和歌山県内の在日コリアンの人口動態をみてみよう。和歌山は日本でも繊維業が盛んだった代表的な地域である。県内には紡績工場が多く,そこには多くの韓国から来た女工が勤めていた。1921(大正10)年から1931(昭和6)年までは女性の対人口比が比較的多かったといわれている。その中でも仕事を求めて単身で渡日した女性が,家族や身内を頼って渡日した女性に比べ数倍に達していた。和歌山の場合,初期渡航者は繊維業の女工として渡日した場合が多い。ところが時間がたつにつれて,つまり1931(昭和6)年から敗戦までには男女の人口比率が逆転する。というのは,同時期になると道路建設など県内の土木工事が盛んになり,男性及びその家族の移住が増加したのだ。当時の統計をみると,とりわけ1934(昭和9)年頃から学生生徒・小学児童の数が急増していることがわかる(民団和歌山地方本部,1990)。

②和歌山県の在日コリアンの移住過程

それでは,来日してきた在日朝鮮人は,どこからどのようなルートで和歌山にたどり着くことになったのであろうか。

まず,出身地をみると慶尚道出身者が圧倒的に多く,全羅道(済州道を含む)と合わせれば,県内の在日朝鮮人のほとんどがこの2道で占められている。

では，移住過程及び経路について調べてみることにしたい。一般に日系人など日本に定住している外国人の移住システムに関する研究の中から，移住経路として「市場媒介型」と「相互扶助型」という2つのパターンがあることが指摘されている（梶田，2005）。つまり前者は，移動と就労が合体しており，媒介役の業者が人の募集から来日後の定住支援までをセットで行う。上記では，紡績業関係で各工場の募集人が朝鮮半島で女工を募集し，和歌山に連れてきて諸々の面倒を見ていたのがこの形であるといえよう。後者は，主として家族や親類，同郷の知人等が移住者にとって受け入れ国でのひとつの社会関係資本となり，移住者の定着を助けるパターンをいう。後述するが，1920年代以降の大阪では，慢性的な住宅不足に加え，在日朝鮮人に対する根深い偏見に基づいた差別により，家を借りる際に日本人に比べ多くの保証人や敷金を求められたり，日本人より高額の家賃を要求される場合が多かった（樋口，1978）。しかも朝鮮人だからという理由での貸し渋りも珍しくなく，朝鮮人にとって来日早々住む場所を確保するのは至難の業であった。そのようなときに頼りになるのは，同胞間の相互扶助ネットワークであったのである。

　和歌山の場合も，女工として連れてこられた場合を除くと，ほとんどが親や親戚など先に渡日していた人々を頼りに来日している。当時，植民統治下の朝鮮半島では生活が非常に厳しく，日本に渡ったら働き口が得られるのではという期待を持って来日する場合が多く，中には慰安婦として戦地に送られることを逃れて来日したというケースもあった。また敗戦後に一旦帰国したものの，韓国に帰っても生活の糧が得られず，再度危険を冒しながら密航で日本に戻るような場合もあった。

- 「うちのお父さんが友達5，6人で日本へ来てもうたんよ。それであの子誕生すんで，食べるもんないわ言うて，働くとこないし，働く仕事もないんよ。そしたら韓国いたら食べるもんがないんよ。みな日本に送ってもうて，あるやつ日本へみな。……もう倉庫からっぽやったよ。買うて食べるもんないし，金もないし，それで，ある服全部売って，服から布団から売って，それで密航のって来たんよ。そのときは50人ほど来たよ。」——下津W氏（女，81）
- 「お父さんが日本へ働きに来とったからね。それでお父さんを頼って日

本へ来た（9歳）。貧乏で貧乏でね，学校へ行くにも学費がないんや。……もう百姓やったってね。（だからオモニが自分をおんぶして日本に来た。：韓国語）」——和歌山K氏（男，90）
・慰安婦になることを逃れて来日：「その女の人，若い子をみんな集めて，日本の兵隊の慰めもんになるっちゅうあれで，母親が。……来るときも，船底で隠れてこっちへ来たそうです。……そうそう。慰安婦で。……逃げてきたわけ，まあ言えば。……親がそんなんしたらあかんちゅうことで。それで，皆協力して，死んだお姉さんの籍を使ってこっち来たみたい。」——和歌山J氏（女，67）
・「父親と，お父さんたちが先に来て，おじいさんたちが先に来てたんです。ほして，母親だけが地元に残って，まだそこにいてる兄弟とかの面倒みんなんから。……3年ほど別居して，ほして16ぐらいで主人を追っ掛けて韓国から来たみたいです。」——湯浅町H氏（女，67）

4｜都市部におけるコリアンコミュニティ
：大阪市西成区のコリアンコミュニティ

■1 大阪市西成区の在日コリアンの人口動態

一方，都市型コリアンコミュニティである大阪市西成区におけるコリアンコミュニティについて調べてみると下記のとおりである。現在，西成区に在住する韓国・朝鮮籍住民は，5,237人と，同区内の全外国人登録者数のうち73％を占めている。大阪市内でみると，韓国・朝鮮籍の約6％が西成区に住み，集住地区を形成している。

1920年代より朝鮮半島から渡ってきた朝鮮人は京阪神の被差別部落に多数流入しているが，その理由として河明生（1997）は，被差別部落が廉価な借家や保証人が要求されない「又貸し」住宅があり，食料品等物品の廉価な小売販売がなされるなど，日本に来たばかりの金のない朝鮮人が生活するための環境がそれなりに整っていた点，被差別部落内もしくはその近隣に朝鮮人を吸収する下層労働市場が存在した点を挙げている。西成区の調査では，民団西成支部の積極的な支援を受け，ライフ・ヒストリー調査に先立って実施した高齢者生活及び居住実態調査の回答者の中から，インタビュー調査に応じてくれる方を募った。その中から西成区に長期間居住し，地場産業である皮革産業や非金属

工業（ナット）に携わった経験のある方7名から話を聞いた。

2 故郷での生活と来日当初の生活

今回の調査のうち，3名が1世だが，故郷での生活を覚えているのは2人だけだった。そのうちGさんは，韓国での極貧の生活体験を，Eさんは当時の厳しい差別を語った。

・「韓国ではお金持ちとかしか女の子は学校に行かさんと，田舎でね，毎日，1日，一軒に一人はもう「金の星」言うて出ていかないかんかった，私10何歳の時に行って土方の仕事しました，日本の兵隊と。「金の星」言うてね，土方の仕事。石とか背負って，みんな掘って，家建てるために……米は兵隊に出すから，全部出せ言うて。みんな出してしもたら食べるもんがなくて，今考えたら，イモのごはん……，ここはないんです。このくらいのちっちゃい梅干しくらいの，畑いったらいっぱいあって，紫の花が咲いて，韓国語で「ムルルン」言うんやけどそれを掘ってきてね，あのこんな大きな鍋に入れて海行って海藻採ってきて入れて，3日間炊くんですんねん。それがいい加減に炊いたらのどが痛くて食べられん。そんなして食べたり，ほんまにもう，そのまま食べられんから，今みたいに小麦粉もないし，その麦をこないしてはったいこ作って入れて食べたり，はあ，食べるもんない，着るもんもないし，靴もないし，その戦争が早く終わってよかったんですわ。はあ，苦労しました。」
——西成区G氏（女，82）

・「うちらが来た時，厳しかったで，日本の人ら。服もあんた，服着るなゆうても，服がないからあっちから持ってきて着るやんか，しまいにはゆうこときけへんから，自転車のって走りながらな，青いインク，後ろから真っ白のチョゴリでもさっとしていくねん。もう言うこときけへんから，着るないうんやんか，落ちへんで，後家に帰ってみたらみんなそんなしてほって着られんようになって，着物けえ，着物けえゆうけど，着られるか！　たこうて，厳しかったで，うち，ほんまに。」——西成区E氏（女，90）

上記からもわかるように，当時植民地朝鮮の経済事情は非常に厳しかった。それは日本による2つの植民地政策が背景にあることが指摘されている（歴史教科書在日コリアンの歴史作成委員会編，2006）。つまり1920年代に日韓併合を経て朝鮮総督府によって初めて実施された「土地調査事業」や，日本の米騒動など

がきっかけとなって始められた「産米増殖計画」がそれである。土地調査事業によって，先祖代々耕してきた土地を奪われ，小作民に転落した多くの農民は，追い打ちをかけるような形で始まった産米増殖計画によってさらに窮乏し，北は満州から南は日本へと流民となって渡った。もちろん和歌山県や大阪市西成区でもこのような社会背景が大前提となっている。

3　移住過程・移住経路とコミュニティの形成

　大阪市西成区の場合，父親が単身で先に来日し，生活の基盤を築いてから家族を呼び寄せたケースが5ケースと多かった。その他，植民地朝鮮の厳しい生活に耐えられず日本での生活への「あこがれ」から2回にわたり密航してきた女性もいた。また，家族のみならず，安心して人を雇えるという意味で，同郷の人を同業につかせるため積極的に来日させたケースもあり，先住者の生活が安定したり，コミュニティができてからは，来日が主に家族や同郷人を介して行われたことがうかがえた。

- 「(皮革の仕事をして) 独立して，自分が自信をもったから，こっちの人，うちの親戚の人，汽車賃全部作って呼んで，ようさん働いていました。それで覚えた人よそいく (独立する) しね。」——西成区F氏 (男，80)
- 「(生まれたところは) 10軒ほどの小さい部落やってんけどな，同じコヒャンサラム (同郷人) ばかりな，みなつてで来て，その親戚の人が土方の請負師やっとったから。向こうから呼んできた人をそこに住まわしたりな。」——西成区 (女，81)

　西成区への移住は，親族や同郷の親族を頼って来たケースがほとんどであるが，「大阪に行けば朝鮮人がいっぱいいる」という風評を頼りにたどり着いたケースもあった。しかし，大阪市西成区という土地については周りから否定的な印象を与えるような評価を聞くことがあったようである。

- 「どこ (に行くん) やゆうから，「なんか大阪，あのSいうところやったわ」というたら「大阪市西成区か！」いうんや。大阪市西成区がどんなかなと思って，あのときでもここらへん，ええことなかって，そんなとこかいうから，何でそんなこというんてんのかなあと思って。」——西成区E氏 (女，90)
- 「(子どもは) この辺いややと言って出て行った。ここはもうあれやろ，

釜ヶ崎があってな，浮浪者が鶴見橋どおりでもいっぱいや。そらたしかに昔より，なんや，わたしら子ども時代より環境は悪なったこの辺りは。」──西成区B氏（男，73）

5 | 在日コリアンコミュニティの生活運営

1 就　労

　まず就労生活であるが，先述のように当時の在日朝鮮人は住宅を借りる際にも種々の差別を受けてきた。その背景には就労での差別もあり，朝鮮人であるという理由で仕事を得ることが難しく，やっと手に入れた仕事は日本人のしたがらない仕事やきつい仕事がほとんどだったという。しかし，厳しい労働状況にもかかわらず，賃金は日本人と同じ労働をされても同じ賃金になることはなかった。仕事の内容は土建業が多かったようである。和歌山県の場合，港の埋め立て工事に多くの朝鮮人がかかわっていた。しかし上記のような厳しい労働状況にもかかわらず，現状に屈せず河原工事や砂・砂利採集で事業を興し，和歌山市内でも名が知られるほど成長したケースもある。その方の就労歴をみると以下の通りである。

- 「丁稚奉公（3〜4年）→屑問屋→石油缶を再生（1942）→徴用で呉海軍工廠（1943）→代用石鹸（手平，1950年，2〜3年間）→金山ブルドーザー工業（河原工事，主に紀ノ川：小倉（おぐら），砂・砂利）」──和歌山K氏（男，90）

当時，和歌山では紀ノ川周辺でこのような砂利採集業があまりにも盛んに行われていることが問題になり，マスコミで取り上げられたこともある。

- *1961年「砂利の採集厳禁せよ」（紀州新聞 S 36.3.19），「砂利乱採で南部浜細る」（紀州新聞 S 36.6.5）。

- 土建：「全部土方やな。全部土方，ここら親方2軒，ここのおじさんが，チャグンアボジ（叔父）がねえ，花田組と斉藤組とね，私らそこで住んでる所の前でね，飯場，大きな家で住んでて，人夫は別に皆，飯場作ってそこで寝かして，人夫は自分とこで使うてるけど，別に皆，飯場で，

飯場って男の人ばっかり寝るところこしらえて、そこで寝かしたりしてましたわ。」──S地区K氏（女，78）
- 「みんな，その日その日働いたら，もう米借りに行ったりな，親方とこへ飯場の仕事に行ったり，あの時分は100，300円ならなんだかな，日当が。1日土方して。それで私も土方やったよ。こんなんやけど田植えしたり，田植えも百姓ら知らんのにな，田植え行ったり，麦刈り行ったり，みかん畑の草取り行ったりねえ，そないして皆，子供のパンの1個でも買うたろうみたいに。あの時分，1日働いても130円。」──S地区K氏（女，78）
- 和歌山築港埋め立て工事：「わしのお父さん。和歌山に湊に築港いうとこある。あそこは昔は海やった。遠浅やった。……それを埋めて，住友金属ができたわけやね。そやからトロッコちゅうてね，まあ車。スコップで砂すくって，トロッコ押して上げて，それの繰り返しや。」──和歌山市K氏（男，90）
- 河原工事：「わしね，最初，河原工事やったんや。……川へ行って，砂，砂利を拾って。……1番多いのは，やっぱり紀ノ川や。……砂利とか砂あるとこはみな行った。……ダンプ持ってた。8台ぐらい。……（だいぶ人）つこうた。37人おった。……金山ブルドーザー工業。……わしから言うのはおかしいけども，和歌山市内で有名であった。平成までやってた。」──和歌山K氏（男，90）

また，一部男性もいたものの，和歌山県には紡績工場で女工として働いていた女性が多くいたという証言を多くの方からうかがった。御坊市にあった日之出紡績（Y町H氏の母，御坊市K氏（女，80））と，大和紡績（御坊市P氏，女，73）で働いていたとされている。姑や実家の母，本人と旦那など一家のほとんどが働いたという方もいた。（和歌山市K氏，女，78）しかし，中には長期間工場で働いていたのが原因で肺気腫にかかり，亡くなったケースもあった（和歌山K氏（女）の夫）。

- 紡績工場の女工：「あの人（H氏の母）言うように日之出紡績，そこへ女工として。主婦であるけれども女工として働いて，経済面，ものすごく苦しんだから。」──湯浅町H氏（女，67）
- 「うちのお母さんも田舎の方で，嫁に来てからやから，どうなったんかな。みんな，昔，出稼ぎっていって，みんな韓国から，ダイワボウ（大

和紡績）ってあったやん。大きな紡績ね。……そこへ働きに。うちのシオマン（姑）もそうやし，うちのお母さんも。そやから，向こうで生まれて，向こうで結婚して，こっちに働きに，出稼ぎに。」──和歌山K氏（女，78）

　一方都市型コミュニティとしての大阪市西成区は，地場産業として皮革産業が盛んであり，大阪市西成区に定住した朝鮮人も皮革産業に多く流入していった。1932年ごろには，それまでの熟練を要する手縫靴に対し，機械靴が進出し，能率を上げるため多数の職工を雇用したため，非熟練職工の増加と職工賃金の低下が起こり，「大阪市の如きは300名の朝鮮人靴職工を出し，賃金・就業共に部落製靴職を脅威せしむるに至」ったとある（中央融和事業協会，1973，全・川本，2013より再引用）。もともとこの産業を担ってきた部落民もまた，熾烈な差別の中で職業の選択が自由ではなかったこともあり，両者が競合関係にあったこともあったようである。皮革業の中でも，朝鮮人は甲革師（ミシン掛け），底付師が多いといわれている。これらの部門は非常に過酷な部門であり，手の格好が変わってしまったり，シンナーを含んだ接着剤の利用により，神経系を害することもあったという。調査の中からも，過酷な労働状況が垣間見られた。

- 「靴のアイロンや。難しいねん。ちょっと焼けてももうほんまに，あんとき皮靴は1万円ぐらいするやろう，ああいうような白い靴とかは下手に焼けたりしたらあかんやんか。その靴も35年間やったんやんか。昼も夜も。そやから，こうせな（革を手で押さえる）あかんから，手がもう……」──西成区E氏（女，90）
- 「（イミテーションのわに革）革は広げてあるからでこぼこでしょ，それをさしをね，4尺くらいのさしを当てて，体重で押さえて切らなければだめなの。包丁で。（女にはできないって言われたけれど）私やり遂げたから，びっくりした，自分でも。ちょっとでも動いて狂うたら，もう裁断機にかけたら，斜めになったらもうだめでしょ。私やり遂げたあとね，階段上がれないし，もう体中の筋肉を使ったかしらんけど，うち2階でしょ，もうすべて上がり下りせないかんのに，階段ほうて一段ずつあがらな，そんなこと言うてもしかたないから一切口に出さない」──西成区A氏（女，78）

　調査者の中では，革のなめし，アイロン，裁断，甲革と比較的仕事内容は多

様だった。なめしのエナメル加工を開発した方の子孫や，収入には結びつかなくとも，さまざまな皮革の技法を開発・研究した方もおり，朝鮮人の皮革産業への貢献もうかがえた。また，皮革産業に従事していた方の全員が子どものうちの一人は皮革産業に携わっている。重労働で「苦労した」と言いながらも世代間で職業が継承されている点も今後その理由について検証が必要である

- 「昔はね，うち，主人がね，人ができないことしたの。もう家のこととか，収入考えんと自分研究に没頭してたのよ。よそ働いてたけど，なんとか革に模様入れられないかっていう研究を，ひたすらしてね。で，何にもほかのこと考えられない。もうそれ一筋にして，できるようになったんです。すごい，革に乗せる，塗料，をいかにしてね，模様を作るかとか。で，ミシンで縫うたら手間かかるけど，ミシンのような細工がね，筆，色一本でできないかとかね。で，凹凸つけてすうっとしたら，その道具をはじめは，万年筆が，インク入れたら出るでしょ，そういうところから発想してみたい。そんなふうにするんですけど，お金儲けには縁がないの。」——西成区A氏（女，78）

また，大阪市西成区に居住する在日コリアンの多くが従事していたもうひとつの産業がナット産業である。ナットに関する資料は未収集だが，Bさんによると，「道路を隔てて北側は皮革の人が多く，南側はナットが多い」という。ナットは軍事産業に欠かせないこともあり，一時期景気がよかったようである。また，慶尚南道の人が同郷人や親戚をリクルートして連れてきたらしく，ナット関係には晋州（チンジュ）出身者が多かったという。

- 「（大阪市西成区にナット産業ができたきっかけは？）今宮工業の裏に，マツモトという人がおってね，その人が大正の終わりごろドイツに行ってね，ドイツからこの機械を，技術を習うてきて，この機械をもらってきたん。それが一番はじめにはじめた人や。日本の人は，とにかく油でな，真っ黒やし，汚いからな，こんなんやったら満州行って百姓やったほうがええぐらいやいうぐらいな，汚い仕事やし，危険やし，3Kの仕事やったから，韓国の人がようさんやったんや。やっぱり，な。（ナット産業に従事されていた方は）慶尚南道の人が多い。」——西成区B氏（男，73）

・「日本のねじ関係の6割は朝鮮人，韓国人関係がやっとた。私の知ってる範囲ではねじ関係は，ナット関係の人は帰ってない，北朝鮮に。日本が高度成長やっていく過程においてね，ねじというのはどないしても産業の一部分として必要やからね。せやから帰ってもらったら困るいうん。……全部やないけど，私のところ70％は韓国朝鮮の人やったな。みんなコヒャンサラム（同郷人）のつきあい，知り合いとかな。」――西成区B氏（男，73）

2　住まい

　次はそれぞれのコミュニティの形成過程においてどのような形で住まいやインフラを構築してきたのかについてみてみることにしたい。
　まず，和歌山の方は以下のとおりである。和歌山市内でもS地区でも初期定着過程では，公有地か他人の土地の上にセルフヘルプで建てたバラックのような住みかがほとんどであったようである。雨が降ると天井から雨漏りし，周りの空き地では養豚を営むせいで豚の鳴き声が聞こえ，部屋はちゃんと整っていないまま，板1枚の上に適宜家族みんなでごろ寝するような状態だったようである。当然他人の土地だからインフラは整っておらず，水道がないため井戸水を掘って使ったりしていた。その中で，S地区では，生活が改善される中で，土地を購入することができ現在は持ち家となってきた場合もある。一方和歌山市内の市駅界隈のK橋の下で，1955年より50年間集住していた0番地と呼ばれていた部落は，主に土建屋を営んでいた人々が約17〜8軒ほど暮らしていたが，不法占拠を理由に立ち退きを迫られ，現在は公営住宅に移った1世帯以外はみんなばらばらになって暮らしているという。そのほか，T地区のように長屋が集住する地域の20軒長屋で暮らすこともあった。

・セルフヘルプで建てたバラック：「家もねえ，板1枚，このばら板1枚。こんな1枚でこうちょっと，垂木みたいなの掛けてね，その上へ板，そのこんな，ちょっと穴空くよ，こないして隙間空くようにして，その上へ上敷き敷いてんのよ。そんなとこで皆，寝て暮らした。ほいで，ばら板でこんなんで壁貼ってたらね，虫が入るでしょ。セメンが皆その時分に，皆セメントやってた，セメン袋ほどいてね，貰うて来てね，それ破って糊したって，皆それを壁に貼ってね。ほいで屋根トタン葺きで

しょ。こないして寝てたらね，雨が降ったら漏れてね，穴から。ほいだらたらい受けてね，箸でぶっとこのセメンがぶら下がって来るのを，こんな雨でな。ほいでぷっと突いたらな，たらいへ一杯ぐらい落ちてくんのよ。そんな時代ねえ，生きて来ました。」──S地区K氏（女，78）

一方都市型コミュニティとしての大阪市西成区での居住生活の構築プロセスは以下のとおりである。

当時下層労働に従事し，日本人より賃金の低かった朝鮮人移住者が，劣悪な住居に密住し，住居費を浮かせることで本国に仕送りをしたり，ぎりぎりの生活を営んでいたことが明らかにされている。調査の中で，皮革産業に携わっていた人は，1階を住居にして，2階を仕事場にしているケースがほとんどだった。最初はバラックのような住居から始まり，生活が安定し，子どもが増えていく中で，より広い家に住み替えをしたり，リフォームをして居住空間や自分にとって大切な場所を確保しながら自力で住環境の改善を行ってきた様子がうかがえた。

- 「家もほんま，便所もない，水道もない，表いってかんてき火をおこして，また2階行って，このくらい4畳半ひとつ借りて，子ども2人産んで，中閒だったんですわ。家賃も一番最低の，まっすぐ建たれへん，その時1000円やから，いっちばん安いところ。」──西成区G氏（女，82）
- 「はじめ（大阪市西成区に）嫁に来た時は，どっかの家の韓国の人の家だったんですけど，離れを借りて住んでいましたけど，何年かしてから，今息子が仕事して住んでるんですけど，そこを借りて家賃ですけど，2階が空いてるからっていうて。廃材でたてたようなね，家なんですけどそれでも。」──西成区A（女，78）
- 「はじめはね，バラックから。ほんで私らもう人に使ってもらおうと思うたら2階あげたらええ，そこまではうちのお父さんとね。……そのときはね，この3階だけやってんや。子ども寝る場所がなくなってきたんよ。今度，ほんでね，もう私がやめる言うたんよ，この（信仰している宗教の）会場を。ほんなら息子がね，やる気があんねんやったらもう一回な，やり直すいうてくれて，ほんで4階あげてくれて。」──西成区C氏（女，81）

和歌山でも西成区でも，最初に住みついた住みかは通常人が住むとは思われ

ないような劣悪な構造であったり，設備が整っていないところが多かったという話をいくつか聞いた。それに対し樋口（1978）は，在日朝鮮人に対する住宅差別が存在していたことを挙げ，朝鮮人が家を借りようとすると，明らかに日本人より厳しい要求をされたと指摘している。これは後述する大阪市西成区における高い持ち家率の説明にもなる。つまり，多くの在日コリアンが初期定着過程において厳しい住宅差別の壁に直面するが，居住の安定は定住や生活向上の基盤でもあり，それを成し遂げるには住宅確保しか選択肢が存在していなかったのである。つまり住まいをめぐるコリアンコミュニティの居住生活を取り巻く厳しい差別問題を指摘せざるを得ない。

6 | コリアンコミュニティの現状と課題
：大阪市西成区における在日コリアン高齢者実態調査から[2]

冒頭で述べたように，本章では在日コリアンコミュニティの地域再生を目指し，その現状と課題を明らかにするためのアクションリサーチを行った。今回は，都市部における集住型コミュニティにフォーカスを当てて質問紙調査を行った。今回の調査では対象者に対し，2010年6〜7月にかけて面接調査法を用いた質問紙調査を行った。なお不在時には日をかえて2回以上訪問を行った。調査対象となった438名のうち，a) 69名が死亡もしくは転居先不明，b) 2名が事前訪問拒否連絡，c) 7名が入院中，d) 152名訪問時不在，e) 79名が訪問時拒否 となり，結果129名の方に回答いただいた。「死亡もしくは転居先不明」を母数から除外すると，結果的に369名が母数となり，回収率は35.0%であった。では，この調査結果の中から都市部コミュニティにおける高齢者の生活に焦点を当てた実態と課題を明らかにすると以下のとおりである。

1 基本属性

性別は男性53名（41.4%），女性76名（58.6%）で男性の回答比率が相対的に高かった。平均年齢は74.97歳，約65％が高齢世帯で高齢者の割合が高いことがわかる。

次に世帯構成をみると夫婦ふたり暮らし（43名，33.4%）と一人暮らし（41名，31.8%）とで半分以上を占めている。また子どもや孫との同居も41名（31.8%）いた。夫婦ふたり暮らしのうち共に65歳を超えるのは34名（26.4%）である。

出身地は7割弱（90名，69.8％）が日本生まれで大阪が最も多い。韓国，朝鮮出身も39名（30.2％）いた。渡航時期は戦後渡日も35名のうち7名いた。学歴は，未就学が1割程度で高卒以上は21％と，相対的に低い数値となっている。

2　健康・医療

　高齢者には介護や生活の不安を感じることが多く，その際の困った時の相談相手は重要と思われる。今回の調査の回答では，相談相手として家族と医師が多く取り上げられたが，相談相手なしも11名と1割弱いることがわかった。

　次に健康保険については法定免除の生活保護受給者19名（14.7％）以外は加入しており国保が多いことがわかった。かかりつけ病院があると回答したのは9割に達し，多くの方が何らかの健康不安があり，通院していることがわかった。また，家族介護意識が比較的に高い（67.1％）。一方，その他の日本人ヘルパーによる介護に対しては，気になる（34.4％）より気にならない（48.8％）という答えが多かった。介護保険に関連して今まで要介護認定を行ったのは34名（26.4％）と少なく，認定結果不明の場合も10名と多い。要介護認定の人のうち介護保険サービス利用経験を聞くと，ありが23名（74.2％）で，内訳は，訪問介護（63.0％），住宅改修（49.7％），通所介護（37.％），訪問看護（22.2％）の順であった。

3　住宅の所有形態

　65歳以上の高齢者親族がいる世帯では，全国的に持ち家率が高く，大阪市でも8割を超える。

　他の調査によると，在日コリアン高齢者が集住する大阪市生野区・泉州地域では5〜6割を超える一方で，西成区北西部では持ち家率が8割近く，在日コリアン集住地域でみると，持ち家率が圧倒的に高い（図表7-1参照）。

　その理由についてはさらなる研究が必要となるが樋口が指摘しているように，戦後大阪における深刻な住宅不足，厳しい住宅差別を経験した在日コリアンの住宅確保への執着の強さ，厳しい現状を乗り越えたくましく生活を構築し，住宅を確保した在日コリアンの不屈の生活力の例としても読み取ることができる。

4　住宅面積の特徴

　住宅面積については，次のとおりである。持ち家の場合，全国平均と比べる

図表7-1　住宅の所有形態（65歳以上の親族がいる一般世帯）

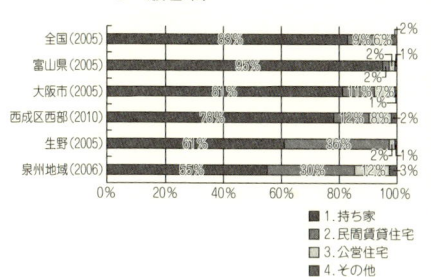

図表7-2　住宅の面積（平均）

		西成区北西部(2010)	生野区(2005)	大阪市(2005)	全国(2005)
1	持ち家	60.6 (n=9)	38.2	92.4	130.4
2	民間賃貸住宅	27.3 (n=14)	24.2	36.7	48.5
3	公営住宅	44.6 (n=10)	24.0	49.7	49.5
4	その他	-	30.6	65.3	64.7

単位：m^2

（注）住宅面積の平均値の算出に当たっては，建坪での回答もあったため，正確を期すために，住戸面積での回答のみのデータを使用
出所：2005年のデータは，2006年10月31日公表の国勢調査データ「高齢者親族のいる世帯」を元に作成

と，宅地面積の狭小さに呼応して，その規模は小さい値となっている。しかし同じ在日コリアンの集住地域である大阪市生野区（38.2m^2）と比べると，60.6m^{2}と広い面積を有する。民間賃貸住宅は，大阪市生野区とほぼ同等の面積である。大阪市の平均では若干規模が小さい（図表7-2参照）。全体的傾向をみると，平均が107.13m^2，50m^2～100m^{2}に集中して分布している。

5　世帯構成の特徴

世帯構成の特徴としては，一人暮らし：31.8%，子どもや孫世帯と同居：31.8%，夫婦二人暮らし（共に65歳以上）：26.4%と，独居世帯や，高齢者夫婦世帯の割合が高いものの，子どもや孫世帯との同居も高い割合を示している（図表7-3参照）。

6　居室数と世帯数との相関関係

一人暮らしのうち，8割以上が3部屋以上の居室を有しており，高齢者夫婦世帯でも，同様の傾向を示している。ここからは，居室の余剰化・空室化の傾向が見られる（図表7-4参照）。

7　住宅の設備

内風呂がある世帯が全体の7割を占め，トイレ・台所は100%の世帯が完備している（図表7-5参照）。

図表7-3　世帯構成

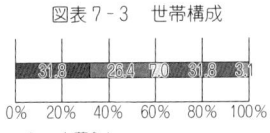

1.一人暮らし	31.8
2.夫婦二人（どちらも65歳以上）	26.4
3.夫婦二人（どちらかが65歳以上）	7.0
4.子供や孫と同居	31.8
5.その他	3.1

図表7-4　世帯構成と居室数の相関

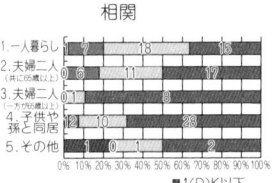

図表7-5 住まいの設備

	実数	割合（N=129）
風呂	99	76.7%
トイレ	129	100.0%
台所	129	100.0%
共同風呂	0	0.0%
共同トイレ	0	0.0%
共同台所	0	0.0%

8　現在の住まいの居住年数

1960～85年の期間に現在の住まいへと移り住んでいる世帯が6割を占めている。80年以前に住み替えを行った世帯（全体の66%）は築年数30年を超しており、住宅の老朽化が懸念される（図表7-6参照）。

9　西成区北西部の在日コリアン高齢者の住まいの特性

今回の調査から明らかになった大阪市西成区北西部の高齢者の住まいの特性は次の3点に要約される。まずは、持ち家率の高さ（全世帯の78%）である。他の在日コリアンの集住地域と比べても圧倒的に高いことがわかる（泉州地域：55%、大阪市生野区61%）。

次に、居室数の多さ（3部屋以上が全体の86%）である。特に独居高齢者世帯では、8割以上となっており居室の余剰や管理の問題が危惧される。

3点目は、住宅の築年数の高さ（全体の6割が築30年以上）で、住宅の老朽化が見受けられる。

以上から、持ち家率が高い中、老朽化の問題や余剰居室を抱えており、住宅の維持（清掃・修理等）への身体的負担が高齢世帯の大きな負担となっていることが垣間見られた。

10　定住への意志

次に今後の定住意志について聞くと、約9割の方が住み続けたいと答えており（図表7-7参照）、その理由として住まいへの慣れ（58.1%）、立地・利便性（22.9%）、知人・親族の地理的近接性（20.0%）を重視しており、そのような要因が定住意識の高さに繋がっていることがわかる。

図表7-6　現住まいの居住歴

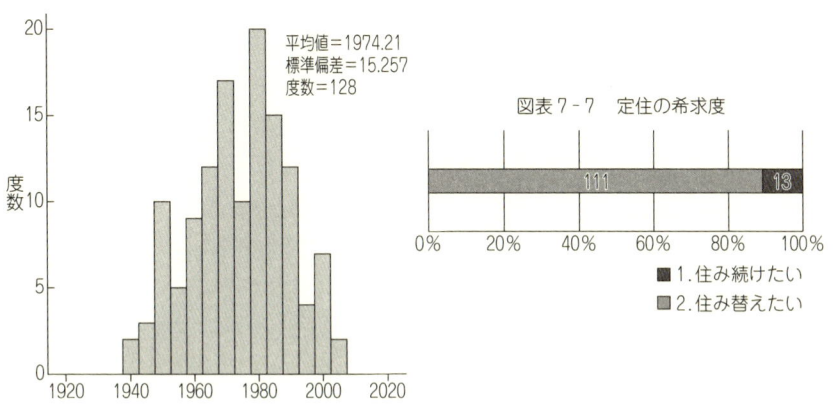

平均値＝1974.21
標準偏差＝15.257
度数＝128

図表7-7　定住の希求度

1. 住み続けたい
2. 住み替えたい

7 | コリアンコミュニティの地域再生に向けて

1　住まいの課題

階段・敷居などのバリアや，住宅で最も老朽化の早い水回り（台所・風呂・トイレ）に関する課題が多いことが指摘された。また2～3階建ての住宅が多いため，階段の不便さを感じている世帯も多数あった。

2　住まいの改修に対する希求度

住まいに満足している（73.1％）・すでに改修している（27.1％）という満足度の高さの一方で，改修する資金がないという意見も多い（24.7％）。また，改修したい箇所（複数回答）については，台所（20.5％）・トイレ（20.5％）・風呂（23.1％）の水回り，階段（5.1％）や敷居（10.3％）などのバリアに対する改修欲求が高く，住宅の不便に思う箇所，課題の項目と同じ傾向を示していた。

その他では，住宅を全体的に改修したい（6件），耐震（2件）の他，1階で暮らせるようにしたい（2件）などの意見も見られた。

8 | 地域再生に向けて

以上から明らかになったように，とりわけ都市部における多住型コミュニ

ティでは，住宅の老朽化や世帯数の減少と単身高齢者の増加というコミュニティ内部における変化の中で，住宅管理や介護などのサービスへのアクセスのしやすさが，今後地域再生を考えていくうえでも優先的な課題のひとつとしても浮かび上がった。

なお，これらを支援できる支援組織や，それらの活動への低いアクセス(15.5％のみが民族団体の活動に参加している)の現状は，今後地域組織の強化やそれを通じたサービスデリバリの新たな手法の工夫も必要であることも示唆している。さらに，住宅改修や管理など，地域経済の沈滞が続く中，新たなコミュニティビジネスのアイテムとしてもこれらの需要への対応が必要ではないかと考えられる。

今後の課題としては，在日コリアンコミュニティの存在が明らかになってはいるものの，住民の移動が進んでいるため一斉調査が難しい和歌山県の場合である。こちらも調査手法を工夫し，現在残っている住民が抱えている問題について探り，引き続き都市型在日コリアンコミュニティとの比較分析を行いたい。

〔註〕
1) Bertauxは，「状況のカテゴリー」の例として，一人で子どもを育てている母親，離婚した父親，独身の農業従事者，仕事を探す低学歴の若者，あるいは麻薬中毒者，身体障害者，慢性疾患者，長期失業者，住居のない人，不法滞在の外国人等を例示しており，この研究方法を用いることで，どのようなメカニズムとプロセスによって，主体／語り手が所与の状況におかれることになったのかを捉えることができると述べている。これは本章の趣旨と目的にも適している要素である。
2) 居住実態調査に関する内容は，都市研究プラザ編(2011)第6章黒木宏一担当執筆を再構成。

08章 都市部落の高齢居住者の生活から見るプロセスとしての貧困
：同和地区のまちづくりと社会的包摂

1 | 同和地区と社会的不利

　近年，貧困の所在が都市へと移り，「貧困の都市化」と認識されるプロセスが注目を集めている。中でも都市内における「社会的不利」の集中に焦点が当てられ，そのようなメカニズムによりもたらされる社会的排除に対する地域のダイナミックな役割・効果に大きな関心が集まっている。地域を通じた様々な不利益への対応は，排除に抗するために欠かすことのできない課題でもある。なかんずくそのような人々が集中する地域では，居住階層による脆弱さの増大と，当該地域にもたらされる，いわゆる「地域効果」による問題が危惧されている。地域効果（area effects）とは，特定の地域に生活することが要因となり社会的・経済的機会に何らかの影響が及ぼされることを言う（本書03章2及び全・城所，2005参照）。

　そこで，本章では，以上のような問題意識に基づき，上記の地域効果により社会的不利を被っているとされる地域を「社会的不利地域（=Socially Disadvantaged Areas）と称し，当該地域における貧困と社会的排除に結び付く地域効果を同定するとともに，そのようなプロセスを断ち切るための地域再生のあり方を探ることにしたい。

　本章で取り上げる同和地区では，近年の住宅システムの変更等により，若年層の流出，貧困層・高齢単身層の増加等を招き，地域経済が沈滞するなどの多くの課題に直面していることが報告されている。同和地区の環境改善においては，1969年の同和対策事業特別措置法（同対法）[1]の制定により多くの成果を上げてきたのも事実である[2]が，2002年に同法が廃止されてからは厳しい環境に置かれている。さらに2010年には，地区内の関連施設が統廃合され[3]，使われなく

なった施設や空き地を今後どのように活用していくのかが問われている。本章では，2011年に大阪市内の4つの同和地区を対象に実施した調査結果を基に，各地区の現状や課題解決に向けた取り組みについて紹介する[4]。これらの地区を調査対象としたのは，前述したような市内同和地区の内外環境の変化に伴い，2009年より新たなまちづくりに向けて市内にある4つの同和地区が共同し，まちづくり研究会を組織してきたことがひとつのきっかけとなっている。

さて，本章で対象としている同和地区のまちづくりに関しては，1980年代から内田が同和地区のまちづくりは日本のまちづくりの先進事例であると捉え，盛んに研究を行ってきている。その中で，内田は同和地区の住環境整備計画・事業の特徴とそれらが進捗した理由を調査し，一般地区のまちづくりを進める経験的資料として整理した（内田, 1993）。また，1990年代に入り，同和地区のまちづくりが要求型の箱物主義からNPO等を活用したソフト重視のまちづくりに転換してきている動向も指摘している（内田・大谷, 2001）。

しかし，これらの中では，同和地区のまちづくりの一般的な手法については詳しく述べられているが，具体的な地域の実態についてはあまり触れられていない。また，特に2002年の同対法失効後の同和地区の実態を明らかにした研究も他に見当たらないのが現状である。

本章では，以上のような背景の下，同対法失効後の地域居住の実情と課題を把握すると共に，これまで取り組んできた地区まちづくりの成果と今後の新たなまちづくりに向けたビジョンを模索するため，大阪市内の4つの同和地区（浅香地区・K地区・Y地区・H地区）を対象として行った調査内容について紹介する。調査はいくつかの手法を並行して実施した。第一に，居住者一般の属性及び地域再生に向けた住民自身の意向を把握するために質問紙調査を行った。しかし，当該地域の居住者にもたらされる地域効果のプロセスやメカニズムを捉えるには，量的な調査だけでは明らかにすることが困難なため，各地区の居住者に対するライフ・ヒストリー調査を平行して行った。

質問紙調査は，大阪市住吉区の浅香市営住宅，大阪市淀川区の市営K住宅に入居する全世帯を対象として行った。対象世帯は浅香地区404世帯，K地区300世帯である。Y地区については，これに先立って，他の調査グループによって調査が実施され，その結果に関しては報告書が刊行されていることもあり[5]，今

回の調査では，ライフ・ヒストリー調査と地元団体のまちづくり活動に関するインタビュー調査だけを実施することにした。H地区については同盟員の多数が地域外に居住しているという理由から質問紙調査は実施しなかった。ライフ・ヒストリー調査については，4地区合わせて13名の住民の方に対して調査を実施した。また，4地区のまちづくり活動を主導してきた住民リーダーに対しては，当該活動に関する聞き取り調査を行った。

なお，調査自体は4地区共同まちづくり研究会の活動の一環として実施したため，4地区を対象としたが，各地区とも抱えている現実が共通していることから，ここでは浅香地区に絞って紹介することにしたい。

まず，今回行った質問紙調査は上記全世帯に対して各住宅の集会所，地区の会館などにおける面接調査，または戸別訪問による面接調査，手渡しによる留め置き調査のいずれかの方法で行った。回収数は浅香地区327世帯（回収率80.9%），K地区240世帯（回収率80.0%）であった。ライフ・ヒストリー調査については，地区の会館において面接調査により行った。

2 | 浅香地区の概要

大阪市住吉区の南部に位置する浅香地区では，それまで地域のコミュニティ拠点としての役割を果たしてきた人権文化センター，老人福祉センター，青少年会館の3館が統合され，2010年4月より市民交流センターすみよし南となり，さらに2012年3月には，地区内の公衆浴場である浅香温泉が営業を終了し，地区内には使われなくなった施設が散在している。なお，2013年，地域のコミュニティの拠点であった，旧人権文化センターが民間に売却され，その後取り壊し作業が行われている。

また，部落解放運動における住宅要求闘争の中で勝ち取ってきた公営住宅が地区内の住宅の大半を占めており，地区内の公営住宅入居率は2012年11月時点で88.8%となっている。

図表8-1　浅香地区の概略図

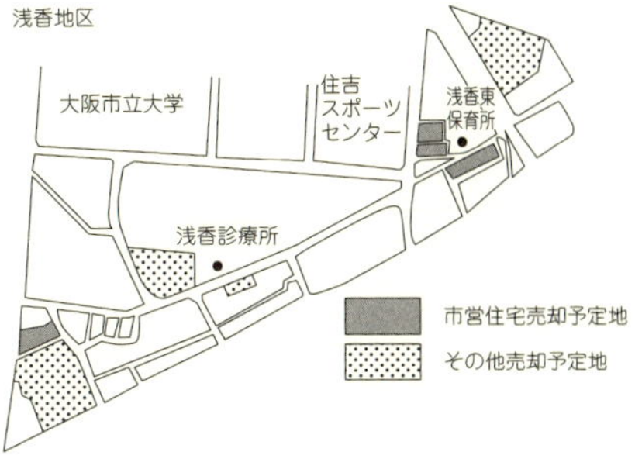

3 | 住民の基本属性

1 世帯分類

　図表8-2は浅香地区に居住している世帯の分類である。表中の「浅香」は今回の調査結果,「浅香（2000年）」は2000年に部落解放同盟大阪府連によって行われた調査結果（浅香地区実態調査結果分析委員会, 2001）をそれぞれ表している。今回の調査結果から最も大きな特徴として言えるのは, 単身高齢者の割合が非常に高いということである。2010年の国勢調査基本集計（総務省統計局, 平成22年国勢調査）を見ると, 大阪市の単身または高齢者夫婦世帯の割合は21.3%（全国19.4%）で, そのうち単身世帯の割合は大阪市13.5%（全国9.2%）である。今回調査で明らかになった浅香地区の30.9%は, 大阪市の数値をはるかに上回り, さらに2000年調査と比較しても, ほぼ倍増していることがわかる。

2 年　齢

　2010年の国勢調査によると大阪市全体では, 65歳以上人口は22.7%を占めており, 超高齢社会という結果となっている。図表8-3を見ると, 浅香地区では65歳以上の老年人口の割合が56%と, 大阪市全体と比べてもはるかに上回っており, 超高齢社会に達している。

3 年間世帯収入

　図表8-4を見ると, 2000年時と比べると, 200万円未満の世帯が37.0%から63.0%に大幅に増加していることが分かる。一方で900万円以上の世帯は12.3%から3.2%に減少している。このことから, この約10年の間に比較的収入のある中間層が地区外に流出し, 高齢化等による既居住世帯の所得減少の他, 空き家となった住戸を埋めるような形で外から低所得層が多数流入してきたことがうかがえ, いわゆる困窮層による下向きのフィルタリング現象を生み出していたことが推察される。大阪市全体や全国の数値と比較しても, 浅香地区に低所得層の割合が多いことが明らかとなった。

4 最終学歴

　2010年の国勢調査の結果から学歴に関する項目を見てみると, 全国的な水準は高校・旧中卒業以下が67.8%, 短大卒業以上は32.2%となっている。図表8-

5を見ると，浅香地区の場合，高校卒業以下は86.3％と全国を上回る水準であるが，専門学校・短大卒業以上は11.0％であり，短大以上の高学歴に関しては全国に比べると低い水準にあることが分かる。教育水準の如何によっては，貧困のスパイラルや社会的移動性の程度や有無とも関係が深く，関心と投資が必要な部門ではないかと思われる。

4 | 住まいについて

次は，地域居住の実態について見てみよう。まず，図表8-6は現在居住している公営住宅の居住期間を示したものである。平均居住期間は約18年であるが，5年未満が27.2％と約3割存在している。これは，2007年に市営浅香西住宅が建て替えられたため，地区内で転居が生じた点や，市営住宅の一般公募による地区外からの新規入居があった点等が理由として考えられる。

先述したように，市営住宅の一般公募に当選して地区外から転入してくるケースが増加しているため，約2割の世帯が直前の居住地は地区外であると回答しており，新規流入者が増えている様子がうかがえる（図表8-7参照）。このことに関しては，地区住民へのライフ・ヒストリー調査から次のような声が聞かれた。（「ふれあい住宅いうて，地区外の人，全部，小学校の校区内の人でしたら，どなたでも市役所へ申し込んで入って来れるみたいです。ふれあいで入って来はった人は，近所でもない限り〔顔を見ても〕わかりませんね。」K氏：72歳女性）

次に図表8-8を見ると，家賃1万円未満の世帯が約3割となっており，先述したように，年間世帯収入が200万円未満の低所得世帯が増加している現状を反映していると思われる。

また，家賃5万円以上の世帯が2000年時と比べて大幅に増加しているが，これは平成8年の公営住宅法の改正により，応能応益家賃制度[6]が導入され，世帯の収入に応じた家賃が適用されるようになったためである。このことにより，比較的収入のある世帯は家賃が跳ね上がり，地区外に転出するという流れが生じている。高い家賃を支払いながら市営住宅に居住するより，地区外で持ち家を購入するか，より高質の民間賃貸マンションに居住することを選んだためである（「息子の入ってるところは，あそこの中住宅いうんですけども，家賃が高い。公

務員やからっていうんで，高すぎるんです。8万，9万，払うんです。そしたら，「そんな払うんやったら，よそで家買って月賦で払う方がいい」言うて，若い人がたくさん外へ出ました。収入のある若い子は外へ出て行くんです。」K氏：72歳女性）

　以上のように同対法失効後，一般施策への移行に伴い，地区内の市営住宅には地区外からの転入者が増えつつある一方，若年層の地区外への流出が増えている様子が伺えた。他方，現在の居住者の居住意向については，約7割が今後も現在の公営住宅に住み続けたいと回答していることがわかる。住み続けたい理由に関しては，「住みなれている」という理由が最も多く約半数を占めており，次に多い理由が「知人・友人・親戚が近くに住んでいる」で15.7%となっている。全体としては，先に挙げた2つの理由に「商店や病院，駅などが近くて便利」という理由を合わせた積極的な理由が67.5%であった。しかし一方では，「住み替える資金がない」「住み替える体力がない」「住み続けたくないが仕方がない」などの消極的な理由も24.0%となっており，地区住民の高齢化の影響が見て取れる（図表8-9参照）。

　このような高齢化の影響が背景にあるためか，もし住み替えるならば，どのような住宅がいいかを聞いてみた結果，「公営住宅」が50.9%と約半数を占めている。2000年調査の際は，「土地付き一戸建て」が52.5%と最も多かったのに比べると，今回の調査では，持ち家志向が弱まり，公営住宅への定住志向が大幅に増えている様子が伺える。この理由としては，高齢化に伴う世帯収入の減少により公営住宅への定住志向が高まってきているということと，比較的収入があり持ち家を志向していた世帯は，この10年の間に公営住宅の家賃が上がったことで，既に転出したことが考えられる（図表8-10参照）。

　ところで，そもそもの地域住民の地区での居住の背景はどのような理由があったのだろうか。調査項目にあった，地区内に居住している理由について，4割ほどの住民は「この地区で生まれたから」（42.0%）をあげており，次に「結婚のため」（15.4%），「公営住宅に入居するため」が8.3%と続いている。「公営住宅に入居するため」という回答や，「その他」の内容で見られる「抽選に当たった」という回答は，おそらくここ数年で地区外から一般公募により新規入居してきた世帯によるものであると思われる。最も多い「この地区で生まれたから」という理由は，地区に住むようになった最も一般的なきっかけといえ，そのよ

うに回答した人の地区居住の理由としては、「その他」の内容にある「暮らさざるを得なかった」「行くところがない」「仕方がない」といった回答に注目する必要がある。

　法律失効後、地域住民の高齢化をはじめ、様々な形で地域を取り巻く状況の変化が見て取れる中、「生活に困ったとき、相談や支援を得られる社会的関係はどのようなものがあるか聞いてみた。結果、「家族や親族」が60.6%と最も多く、その他「区役所」(21.2%)「友人・知人・近所の人」(12.0%)「支部」(11.7%)が主な相談先として取り上げているのがわかった。しかし、8.6%の住民は「相談相手はいない」と回答しており、一部孤立した状態にいる住民の存在も浮き彫りとなった。

　同対法による地区環境の改善が進み、住民の経済社会的な支援も増え、世間からは同和問題は解決したと言われてきた。しかし、上記に紹介したように、深刻な高齢化が進む中、法律失効後、中堅ファミリ世帯の地区外への流出や、一般施策により優先順位が高い、高齢単身や様々な生活困難を抱えている世帯の地区内への流入が増えるにつれて、地区住民の抱えている困難や心配事も多様化している様子が伺えている。今回調査において、「現在、最も困っていることは何ですか」という問に対して、「経済的な面」が26.5%と最も多く、年間世帯収入が200万円未満の世帯が6割以上という実態を反映していると思われる。次に多いのが、やはり高齢化の傾向を反映したせいか、「本人・家族の健康」で23.7%となっている。「その他」の回答としても「足が痛い」「老後が不安」等の健康面や経済面を案じる回答が多く見られる。先述した、市営住宅への定住意志の高さは、地区への定住意志においても類似した傾向が確認され、「住み続けたい」が90.4%を占めていた（図表8-11参照）。2000年調査の結果と比較すると、「住み続けたくない」という回答は1割弱でほとんど変わっていないため、2000年調査で「今はまだわからない」と回答した層が、今回調査では「住み続けたい」「住み続けたくない」の二者択一であったために「住み続けたい」を選択したように思われる（図表8-11）。一方、「住み続けたい」と回答した理由について見てみると、「生まれ育ったから」が40.6%と最も多く、次に「親戚や友人がいる」が18.0%となっている。「その他」の内容の「この年ではどこにも行かれない」「行く当てがない」等のコメントを考慮すると、2000年調査で「今

はまだ分からない」と回答した層が今回調査で「住み続けたい」に転じたことは，積極的な意味合いだけでなく，地区住民の高齢化等が一因としてあるように思われる。

　最後に，地区住民のニーズとして，今後必要とされる地域サービスについて答えた結果を紹介してまとめに移りたい。

　まず，最も住民のニーズが高いものとしては，「急病等の緊急時に通報できるサービス」（41.1%）を，次に「困ったときの相談窓口サービス」（33.3%），「専門スタッフによる団地管理サービス」（32.4%）が各々挙げられた。その他，今後あればよいと思う地域サービスについては，「住宅相談」（23.4%）「健康づくり」（15.4%）「掃除や買い物などの家事サービス」（14.5%）が挙げられている。2000年調査と比較すると，「健康づくり」「生きがいづくり」「自宅への配食サービス」が低下し，「住宅相談」へのニーズの高まりが見られる。住宅相談へのニーズの高まりについては，住宅そのものの老朽化対策だけでなく，居住者の高齢化が進んでいることから，住環境への新たなニーズ（手すりの増設や段差の解消）や家賃負担の不安感軽減の相談等が考えられる[7]。

　「その他」の回答としては，「介護保険サービスの内容の充実」や「介護保険施設を増やしてほしい」といった制度の拡充を望む意見に加えて，「老人が集える場所」がほしいという声が聞かれた（図表8-12参照）。

5 | インクルーシブなまちづくりに向けて

　今回の調査から浅香地区では，高齢化の深化と低所得層の地域的な集中が進んでおり，地区内のコミュニティミックスに偏りが生じていることがわかった。地区内の住宅の88%が公営住宅であることを考えれば，今後も高家賃を理由に中間層が地区外に転出する一方で，公営住宅の一般公募により低所得層が転入するという傾向は進行していくと考えられる。

　このような状況を反映して，地区外への移転や住み替えに対して消極的な姿勢が見られ，現在の公営住宅での定住意向が強く表れている。このような定住意思は，地域に関しても同様に強く，そもそも地域出身者が多いことから，地域外での生活経験がないか少ない住民が多いからではないかと推察される。こ

図表8-2 世帯分類

	浅香		浅香（2000年）
	度数	有効%	有効%
単身高齢	101	30.9	17.0
夫婦高齢	52	15.9	11.3
母子世帯（単独）	8	2.4	3.3
母子世帯（同居）	1	0.3	—
父子世帯	—	—	1.0
その他世帯	165	50.5	67.4
合　計	327	100.0	100.0

図表8-3 年齢

	浅香	
	度数	有効%
35歳未満	15	4.6
35～45歳未満	24	7.3
45～55歳未満	36	11.0
55～65歳未満	69	21.1
65～75歳未満	101	30.9
75歳以上	82	25.1
合　計	327	100.0

図表8-4 年間世帯収入

	浅香	浅香(2000年)	大阪市	全国
	有効%	有効%	有効%	有効%
100万円未満	27.9	9.5	10.7	5.9
100～200万円未満	35.1	27.5	18.2	12.6
200～300万円未満	13.8	15.3	16.7	13.5
300～400万円未満	8.8	11.3	12.4	13.1
400～500万円未満	5.3	7.3	10.3	11.1
500～600万円未満	1.9	5.3	8.1	9.4
600～700万円未満	1.3	4.5	5.8	7.5
700～800万円未満	1.6	3.8	4.8	6.1
800～900万円未満	1.3	2.5	3.1	5.1
900万円以上	3.2	12.3	10.0	16.0
不明	—	1	—	—

図表8-5 最終学歴

	浅香	
	度数	有効%
小学校中退	3	1.0
小学校卒業	60	19.4
中学校中退	4	1.3
中学校卒業	115	37.1
高等学校中退	3	1.0
高等学校卒業	82	26.5
専門学校・短大在学	0	0.0
専門学校・短大卒業	19	6.1
大学・大学院在学	3	1.0
大学・大学院卒業	12	3.9
その他学校卒業	3	1.0
就学経験なし	6	1.9
合　計	310	100.0

図表8-6 現在の住まいの居住期間

	浅香	
	度数	有効%
1年未満	36	11.0
1～5年未満	53	16.2
5～10年未満	19	5.8
10～15年未満	44	13.5
15～20年未満	22	6.7
20～25年未満	19	5.8
25～30年未満	63	19.3
30年以上	71	21.7
合　計	327	100.0

図表8-7 直前の居住地

	浅香	
	度数	有効%
地区内	182	79.1
地区外	48	20.9
合　計	230	100.0

図表8-8 1ヶ月の家賃

	浅香	浅香（2000年）
	有効%	有効%
1万円未満	29.8	31.9
1万～2万未満	9.2	22.1
2万～3万未満	29.4	29.3
3万～5万未満	17.8	12.2
5万以上	9.2	0.8
わからない	4.6	3.8
合　計	100.0	100.0

図表8-9 住み続けたい理由

	浅香	
	度数	有効%
知人・友人・親戚が近くに住んでいる	26	15.7
商店や病院、駅などが近くて便利	5	3.0
住みなれている	81	48.8
住み替える資金がない	11	6.6
住み替える体力がない	15	9.0
住み続けたくないが仕方がない	14	8.4
その他	14	8.4
合　計	166	100.0

図表8-10 住み替える際の住宅志向

	浅香		浅香（2000）	
	度数	有効%	度数	有効%
土地付き一戸建て	9	17	74	52.5
定期借地権付き一戸建て	0	0	3	2.1
分譲マンション	3	5.7	6	4.3
公営住宅	27	50.9	41	29.1
民間賃貸住宅	3	5.7	5	3.5
老人ホーム・グループホーム	1	1.9	0	0
わからない	3	5.7	1	0.7
その他	7	13.2	11	7.8
合　計	53	100	141	100

図表8-11 地区への定住意思

	浅香		浅香（2000年）	
	度数	有効%	度数	有効%
住み続けたい	291	90.4	226	64.7
住み続けたくない	31	9.6	32	9.0
今はまだわからない	—	—	91	26.1
不明・その他	—	—	1	0.2
合　計	322	100.0	350	100.0

図表8-12 今後、整えてほしい福祉サービス

	浅香		浅香（2000）	
	度数	ケース%	度数	ケース%
健康づくり	50	15.4	133	20.7
生きがいづくり	37	11.4	108	16.8
住宅相談	76	23.4	116	18.1
生活相談の説明会	30	9.2	99	15.4
就職あっせん	32	9.8	86	13.4
自宅への配食サービス	29	8.9	114	17.8
掃除や買い物などの家事サービス	47	14.5	113	17.6
外出、通院などの介助	37	11.4	79	12.3
障害者が気軽に集える場所づくり	21	6.5	75	11.7
複数の人が集まっての会食	19	5.8	32	5.0
子育て相談	4	1.2	24	3.7
財産や金銭などの管理	5	1.5	10	1.6
特に希望はない	97	29.8	97	15.1
わからない	50	15.4	98	15.3
その他	16	4.9	20	3.1
合　計	550	169.1	1204	187.6

れは推測するに，地区外からの差別という外的な要因と同和対策事業による地区内への引っ張り誘因が相まって，ほとんどの住民が地域内での生活に馴染むことになったためと考えられる。現在は高齢に伴う所得の減少等も加わり，地域と現在の住まいでの定住意思の高さとして表れているように思われる。

現在最も困っていることとしては，経済面や健康面での不安が挙がっており，それに対応して「今後あればよいと思う地域サービス」では，急病等の緊急時の通報サービスや相談窓口サービス等が上位に挙がっている。「今後整えてほしい福祉サービス」の内容としては，住宅関連相談や健康，家事サービスなど，住民の高齢化に伴い必要とされる内容がほとんどとなっている。

今回の調査結果から，浅香地区では高齢化の深刻化と低所得層の集中が進行しており，それに伴い地域が様々な課題を抱えていることが明らかとなった。同対法が失効した現在，これらの地域の課題やニーズへの対応を行政に求めることは現実的ではなく，公助に加え地域主体の取り組み，つまり共助や自助を併せた，新たな地域知としての「共治（ガバナンス）モデル」が必要である。

現在，3地区共同のまちづくり研究会（事務局：大阪市立大学都市研究プラザ全研究室）では，これらの課題に対応するため，「地区共同のコミュニティビジネスを進める社会的企業（コミュニティ開発会社）」を設立することを議論している。前掲の地図にも示したように，現在地区内には空き地や空きビルが散在している。これらの地域資源を，今後の共生型まちづくりの実現に向けリスト化するとともに，各資源を張り巡らせる形で地域のまちづくりを考えていくことが必要である。なお，各地区には市内の有力大学が隣接していることもあり，これらの地域資源の活用方法等に関しては，隣接した大学も巻き込みながら連携の体制を取っていくことも肝要である。大学が持つ社会的・人的資源を地域に還流できるような循環構造を上記のコミュニティ開発会社が担っていくことにより，コミュニティ主体による地区内の開発の方向性を見つけて行くことが，今後の地域再編への対応ともなり得る。その際，ハードの地域再生のみならず，本章で指摘してきた様々な地域のニーズに対応していく新たなコミュニティビジネスのツールとして，コミュニティ発社会的企業を立ち上げて行くことも試みて行く必要がある。その具体的な実現方法に向けては，今後の研究会で議論する必要があるが，例えば，バリアフリーの一層の整備や地域内外の

住宅の修理，関連する居住サービスを供給する社会的企業，高齢者や社会的弱者の地域居住への定住支援に向けたサービス付き住宅供給を行う社会的企業など，地域が必要とする社会的ニーズに対応し得る新たな社会的企業の展開が必要と考える。

〔註〕
1) 1969年に制定された同和対策事業の根拠法。10年間の時限立法として施行。10年後，3年間延長。その後，1982年「地域改善対策特別措置法」（地対法）が施行され，「同和対策」という名称から「地域改善対策」へ変更。1987年に「地域改善対策特定事業に係る国の財政上の特別措置に関する法律」（地対財特法）が施行。最終的には，2002年に国策としての同和対策事業は終焉した。
2) 1969年から1985年の16年間に環境整備事業に3兆8,000億円の公共投資（国，県，市町村）がなされ，同和地区居住部落民の約3分の2の住環境が大幅に改善された。また，住宅の個別更新のみならず，「住宅地区改良事業」や「小集落地区改良事業」等住環境整備事業も830地区（1988年現在）にわたって大規模に実施されたことも本事業の実施による成果として挙げられよう（内田, 1993）。
3) 地区内の施設として多くの住民に利用されてきた人権文化センター，老人福祉センター，青少年会館等の3館が統合され，2010年4月より市民交流センターとなった。
4) 調査の実施時期は，まず，質問紙調査を2011年9月1日から22日にかけて行った。その後，住民へのライフ・ヒストリー調査及び地域リーダーへのインタビュー調査を2011年11月から12月までの期間中に実施した。
5) 2010年大阪市立大学文学部社会学教室が主体となって実施した，『2010年矢田地区実態調査報告書』（2011年3月刊行, 研究代表者・妻木進吾）がある。
6) 公営住宅の家賃を家賃負担能力（応能）と住宅からの便益に応じて（応益）補正することで事業主体が定める制度である。
7) 今回の調査からは住戸内での転倒・転落事故を経験した世帯が13.6％いるという結果が出た。

09章 南の世界のスラム再生と社会的包摂

1 | スラムという不利地域

　スラムとは，物理的な環境が劣悪な地域で，主として低所得層が多く居住している地域を指す。近代的な土地法制度下で認められている居住権を有しないまま，公有地や私有地に定住している無権利居住者（スクォッター）居住地区もスラムの一種である。スラムとスクォッター地区を区別して扱う場合も多い。その場合は，土地保有条件の「無権利性」を最大の特徴とするスクォッター地区に対して，法的に土地の所有や借地・借家権が認められているか，地主と一定程度の合意のもとに成立している居住地をスラムとする。しかしながら，場合によってはスクォッターが家を賃貸するか，スラム住民の借地契約が月別の口頭約束という不安定な手段によって行われる例も多く，両者を厳密に区別することは難しいとみるのが一般的である（穂坂，1994）。そのように，スラムとスクォッター地区が増大する要因としては，農村と地方からの人口流入による都市内の過剰人口の増加（過剰都市化 over-urbanization）と説明されてきた。すなわち，産業化に伴う労働人口の吸収力以上に都市人口が増大してしまった現象を言う。かつて欧米先進国の移動の動因が「引っ張り（pull）要因」であったのと対照的に，途上国は「押し出し（push）要因」が主な要因である，と主張されてきた。しかし，その後の実証研究によって，押し出し要因は経済的な要因のみならず，都市と農村間の社会的距離が縮まり，都市に進出しやすい環境が整備される等の経済外的な要因も重要であること，そしてインフォーマルな仕事など，都市の多様な雇用機会の存在のような引っ張り要因にも注目すべきである，という点が確認された。これは言い換えると，都市の人口吸収力を工業部門とそれに伴う関連効果だけで過剰であるかどうかを判定することに対

する問題提議としても受け止めることができる。すなわち，インフォーマル部門とスラムの存在を理由に過剰都市化と即断してしまう見解は，欧米先進国家の都市を基準に据え，発展途上国の都市化をそれから逸脱したものとして見なす考え方であることを指摘せざるを得ない。

　国際連合専門家会議（ナイロビ，2002年10月）では，スラムに対する最も新しい定義として，以下のような特徴を挙げている。つまり，「安全な水や衛生等のようなインフラに対するアクセスが困難で，住宅の質が低く，過密・不安定な居住条件等のような諸々の特徴が一定程度組み合わさった地区」を指す（穂坂, 2004より再引用）。もちろん一般的にそれらの地区が物理的に劣悪であることは事実であるが，地区居住者の全てが貧困層であると言うことはできないし，逆に地区外の居住者に貧困層は多い。しかし，相対的にスラムには都市貧困層が多数居住しており，日常生活が営まれている空間であると見なすことに異論はない。最近「貧困の都市化」(UN-Habitat, 2003) という表現があるように，発展途上国の都市貧困層の数が増加している。しかしこれらの地域は，先述したとおり，劣悪な居住空間であると同時に，都市貧困層の日常的な活動が営まれている「生活」空間である。したがって，スラム地域改善の課題は，物理的な環境の整備と並行して，どのように都市貧困層住民の生活環境を並行して改善して行くか，にかかっている。1950年以降のスラムに対する施策は，国家主導的な整備施策から，次第にスラムコミュニティの開発プロセスへの参加を視野に入れた，「参加型開発（participatory development）」や，コミュニティに基づいた包括的な社会開発（social development）アプローチへと変化してきた。ここでは，以上のような開発パラダイムの展開と都市貧困層コミュニティから創り出された先進的な計画理論の事例を紹介することによって，発展途上国でのスラム再生が辿って来た過程とその特徴に対する理解を深めることにしたい。

2｜スラム再生を取り巻く政策展開

　都市貧困層の多数が居住しているスラム地域は，多次元的なメカニズムを通じて排除を媒介している。[1] 保健，衛生，環境等のような公共サービスはもちろん，貧困の集中，教育や雇用，福祉等のような，経済・社会環境の次元におい

ても，地域居住者は適切な社会的なサービスを享受していない。また，インフラをはじめとする劣悪な住環境による人間的な居住環境からの剥奪等，スラム地域であるが故に進行する更なる貧困化の問題も，また別の次元での社会的排除の問題として指摘できよう。これは，言い換えると，これらのスラム地域は，適切な地域居住環境からの排除（exclusion from area）と地域の（劣悪な）居住環境による排除（exclusion through area）という，両方向からの排除メカニズムに巻き込まれておりこれが貧困層の生活に負の影響を与えているとみることができる。

その中で後者に関連しては，スラムの物理的な居住環境の改善のために様々なプログラムが進められてきた。例えば，都市再開発を通じて既存のスラム・スクォッター地域を完全に除却してしまうスラム・クリアランス（slum clearance）は代表的なプログラムの中のひとつであった。しかし発展途上国の場合，ほとんどの再開発後の住宅は，元居住者にとっては経済的にアクセスしにくいのみならず，ライフスタイルとも合わない場合が多く，入居権利を転売し転出してしまうため，結果的に中流階層以上の所得の安定した人々に入れ替わってしまう，ジェントリフィケーションを招いてしまう場合が多かった。そのためスラム・クリアランスによる再開発は，低所得層向け住宅政策としてはかなり特殊な場合を除くと，高費用のわりに効果が少ないという認識が一般的であった。なお実際は，除却後の移転先や補償がきちんとなされない事業も多く，住民は生活の場のみならず，職場や学校の他，近隣のコミュニティさえも一気に無くしてしまい，それらによる社会的なコストが著しく大きい点も指摘されてきた。のみならず，それらを取り巻く一連の過程は，住民をメインストリームの社会から遠ざからせる過程であり，Galtung（1969）の言う，「構造的暴力[2]」という観点からもその問題性を指摘することができよう。

その後，このような問題点を改善するための多様かつ新しい試みが推し進められてきた。それらの試みは，一方では「セルフ・ヘルプ・ハウジング」を提唱する活動家たちによって進められた。その後，このような経験の蓄積に基づいて，住民により自力建設するシステムによる住宅の段階的な拡張・改善と居住スタイルの変化を最大限許容する「漸進的開発（incremental development，あるいはprogressive development）」プログラムが開発された（図表9-1参照）[3]。

図表 9-1　漸進的開発プログラム

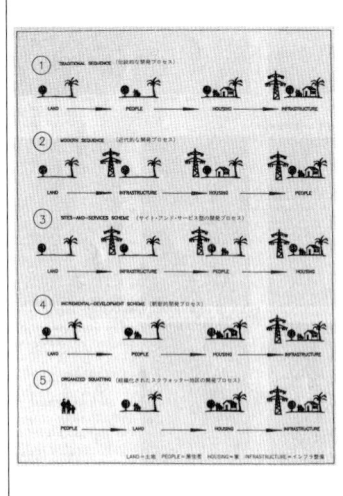

	・伝統的な開発プロセス（Traditional Sequence） 土地（Land）→人（People）→住宅（Housing）→インフラ（Infrastructure） ・近代的な開発プロセス（Modern Sequence） 土地（Land）→インフラ（Infrastructure）→住宅（Housing）→人（People） ・サイトアンドサービス型開発プロセス（Sites-and-services Scheme） 土地（Land）→インフラ（Infrastructure）→人（People）→住宅（Housing） ・漸進的開発プロセス（Incremental-development Scheme） 土地（Land）→人（People）→住宅（Housing）→インフラ（Infrastructure） ・組織されたスクォッター地区の開発プロセス（Organized Squatting） 人（People）→土地（Land）→住宅（Housing）→インフラ（Infrastructure）

出所：UNCHS, 1991, "The Incremental-Development Scheme - A Case Study of KHUDA-KI-BASTI in Hyderabad, Pakistan"（『21世紀への居住：世界居住通信NO.4』（横浜市）より再引用）

　この他にもインドネシアのカンポンの「スラム改善（Slum Improvement, あるいはSlum Upgrading）」も成功事例として知られている。インドネシアの場合，「カンポン改善事業（KIP, Kampung Improvement Program）」が代表的で，スラム改善を進めるにあたり，住宅撤去と住民移転を最大限回避し，既存のスラム，スクォッター地区内に歩行路，排水溝，水道，共同トイレ，消火設備等のような最低限の必要な施設を整備する方式（住宅そのものの改良に対しては貸付（loan）を提供するが，行政が直接的な建設はしないことを原則とする）を言う。また特徴的な点としては，このような地区に対し，衛生施設，医療，母子保健，識字教育等の社会サービスを取り入れる事業がユニセフ等を通じて実施されたという点であった。

　以上から確認できるように，途上国におけるスラム再生の基本的な方向は，住民移転を最大限回避し，住民の生活とコミュニティが崩壊されないよう，現住地内（on-site）でハードとソフトの改善を並行して推し進めること，とりわ

け最大限コミュニティ及び居住者の自律性が保障されるよう政策的に支援していくことだと言うことができる。このような事業の展開を通じた成果を基に，国際社会での妥協の産物として生み出されたのが，いわゆる「イネーブリング原則（enabling principle）[4]」である。

1988年に国際連合総会で採択された「世界居住戦略」は，このような後方支援型原則を基調にしたものであった。すなわち，制度的な改革を通じてフォーマル・インフォーマルな企業部門，NGO，住民組織に対し，より効果的に資源の動因と能力の発揮を支援し，それらを通じて住宅とインフラの整備を向上させていくということであった。これは一方ではセルフ・ヘルプ・ハウジングの建設を可能にさせる諸々の資源（土地，建築資材，技術，インフラ，金融，情報等）へのアクセスを制度的に保障することを意味する。また，他方では土地住宅の取引の市場化を通じて規制緩和や補助縮小を進めることでもあった。このように後方支援型原則とは，妥協を通じて得た産物ではあったものの，実際に多くの国の居住政策立案の中に反映された。しかし，このような両面性による矛盾が次第に現れ始める。

民間市場を低所得層への住宅供給に活用するという点で，最も大きな成功を収めたのはタイであった。タイの場合，1980年に市場で住宅を購入できる能力を保有した階層は上位所得15％以内に過ぎなかったが，1990年代半ばには70〜80％へと拡大した。しかし，このような購買能力は必ずしも多様な低所得層のニーズを反映しているとは言い難かった。

1980年代後半からは海外資本による投資ブームにより地価が急騰した。やがてスラムの土地も商品化され一般の土地市場で取引され始めると，同時に民間主導による都市再開発が本格化し，スラムから追い出された人の中にはホームレスとなる人も現れた。このように都市貧困層にはそれなりの居住空間を提供していたインフォーマルなメカニズム（公有地占拠，非合法宅地開発，錯綜した所有関係，同一空間の複数の世帯による交替使用，月別賃貸契約，親戚を呼び寄せ同居する等）がフォーマル化，商業化するに伴い，最下層の貧困層は居住の場を失うと同時に，より劣悪な居住貧困状態を強いられるようになったのである（穂坂，2004）。

3 | 包摂的な地域再生に向けた社会開発論的アプローチ

　J. Midgleyの社会開発論は，スラム地域の経済／社会環境的な再生を推進するに際して多くの示唆を与える。社会開発論によると，これまでの再分配的な社会福祉が非生産的かつ依存主義を助長しており，経済成長を阻害しているという批判を受けてきたことに対し，社会開発は生産主義的かつ投資志向的，そして経済的参加を強化し開発に積極的に資する社会的プログラムに対し，資源を割り当てていくべきであると強調している。つまり，社会福祉と経済開発の二分化を終息させ，再配分的かつ消費志向的であるよりは，生産主義的かつ投資志向的な社会政策概念を再構築しようとするものである。このようなアプローチは，生産主義的な社会政策とプログラムを強調するのみならず，社会的目的のための経済成長の力を利用しようとする広範囲な試みと繋ぎ合わせようとするものである。

　また，何よりもこれを実現させようとする戦略として，個人レヴェルでの労働市場への参加を増進させるだけでなく，人的資本の構築を促進させ資産（assets）を蓄積させること，そして小規模の企業活動（micro enterprises）を発展させること等が提案されている。

　このような方向性は，治療的な対応から投資的なアプローチへとベクトルを変えることを意味する。またこれらによって蓄積された資源や資産は，結果的に「コミュニティ」へ溜まっていく。言い換えると，社会開発アプローチは，個人に対してではなく，コミュニティにターゲットを当てているという点がより特徴的であるということができよう。[5]多数のアジアの国々では高いコストが必要とされる在宅ケアや他の治療的なサービスを実施するよりは，サービスディリバリーのための拠点として，「コミュニティデイケアセンター」を活用する手法が展開されていることも良い事例である（Midgley, 1999）。

　なお，コミュニティソーシャルワーカーは地域で社会関係資本を蓄積させ住民の生計を向上させる事業を行っていくことにより，地域の経済開発を積極的に進めていく役割を責務として持つべきであると提言している（Midgley and Livermore, 1998）。[6]

小規模貸付（micro loan）を用いて始めたコミュニティビジネス
（フィリピンブラカン再定住地域にて2006年6月筆者撮影）

　またMidgleyは,ソーシャルワーカーは貧困コミュニティの実践に長くかかわって来たが，主に社会的・政治的なアクション（サービス改善のためのデモやキャンペーン行動のため住民を組織すること）や住民参加を強化させることにのみ焦点を当てており，地域の経済開発プロジェクトには無関心の場合が多かったと指摘している。つまり，コミュニティ組織化は，地域の経済開発プロジェクトに優先的な関心を注いでいくべきであるということである。例えば，高い失業率と荒廃した住宅，そして住民が郊外へと移転してしまった衰退傾向の濃厚なコミュニティでは，優先的に地域の経済的開発を支援する方向で社会的介入が実施されるべきである。この場合，とりわけ地域のコミュニティワーカーは，生産的な活動のために社会関係資本を形成し（特に女性と低所得層を対象とした），新たな事業体を支援したり，雇用参加者のためのネットワークを構築すること等を手助けする必要がある。また政府の場合，それらの活動に対し，より包括的な意味で経済的参加を阻害する要因や，ジェンダーのような多様な差別要素を除却し，開発が起こり易い環境を整備して行くことが求められる(Midgley, 1995, 1999)。以上のように，スラム地域の経済社会環境の再生のための社会開発論は，社会関係資本の形成を通じて，小規模ビジネスの育成，そして多様な形で地域の経済開発を推進し，とりわけそれらの推進力の中心としてコミュニティワーカーの役割に焦点を当てていることが見て取れる。なお，こ

のような対応は，これまで実に多様な形で南の世界のスラムコミュニティで進められ，実現されてきた。なおかつこれらの活動は，先に紹介した通り，スラムの居住環境改善プログラムの中核的な要素として同時並行的に行われているのである。

4 | スラム再生の計画理論の実践例

ここでは，先述したスラム再生と関連した計画理論の具体的な実践例をいくつか紹介してみることにしたい。低所得世帯が自ら開発に参加し衛生設備を利用できるよう，地域内の下水道管（多くの場合二次管も含む）の計画・建設と管理を住民に任せ（内的開発internal development），政府は地域外の幹線と処理設備等のインフラを担当する（外的開発external development）方式から成立する計画理論を可能にしたのは，パキスタンのオランギパイロットプロジェクト（Orangi Pilot Project, OPP）である。OPPは1980年にパキスタンのオランギ地域で非政府組織（NGO）として活動を開始した。そして，それらの地域を中心に5つのプログラム（低費用下水処理設備，住宅，健康，教育，小規模ビジネスのための貸付）を成功させ，1988年には新たに3つの機構を設立させ，地域のNGOと地域住民組織（CBO），そして政府機関とのパートナシップを強化させながら活発に活動している。このような内的開発と外的開発の両方で賞賛されるOPPの経験は，これまでに都市基盤施設の整備を行政だけに頼ってきた住民の意識を変えることにも成功した。すなわち，コミュニティに根付いて活動を展開するNGOを介して，住民の能力に合う（アフォーダブル）ローコストの技術開発に成功し，これを通じて住民が行政の機能を先取ることができた。またこのような経験を通じて，行政と対等な関係で地域開発の主体として位置づけられる契機を作り出すことができたという点でも大きな意義を持っているのである。これは西欧中心的な近代的な計画理論に真正面に反する計画論からも，都市施設へのニーズに十分に対応できるというロジックを証明させたという点でも意義があるといえる。このような成功を通じてその能力を認められたOPPは，支線のみならず，各地域間を繋ぎ合わせる下水管の建設等も担当し，最終的には全都市の下水管を整備するに至ったのである。

参加型開発によるOPPの下水管建設工事の様子（写真は穂坂光彦氏提供）

区画再整理を通じて道路の拡幅を行ったケソン市のCMP事業地域住宅は住民のニーズに応えて増改築が可能である（2006年6月筆者撮影）

　次に，マイクロファイナンスを活用しながら地域のコミュニティ福祉等を進めている例も，途上国のスラム地域では頻繁に見かける事例である。これらのコミュニティではマイクロファイナンスを中心とした小規模貸付活動，小規模ビジネス（スモールビジネス，あるいはコミュニティビジネス）及びコミュニティのニーズに基づいたマイクロ保険（マイクロ・インシューランス）制度の運用等も行っている。

　フィリピンのコミュニティモーゲージプログラム（CMP）は，都市居住分野におけるマイクロファイナンスの成功事例として知られている。特徴的な点は，NGO等が政府とコミュニティ間で融資に関連したサポート役割（オリジネーター）を担当し，スクォッター地区の住民組織支援と貸付関連の事務手続きのサポート等を行い，住民の土地権利獲得を手助けしている点である。これにより，住民とコミュニティは住宅の建設のみならず，コミュニティの道路舗装と橋梁補修等を始め，地域内の小規模ビジネスの支援等を通じてコミュニティのハードはもちろん，社会的環境の改善にも寄与しているのである。

　タイのコミュニティ組織開発機構（Community Organization Development Institute）[8]は，タイ中央政府から預託された12.5億バーツを基金として1992年に設立された。設立目的は，都市貧困層による信用組合に対しグループ貸付を行うことである。貸付は，回転（リボルビング）貸付，所得向上と職業開発，住宅建設（土地購入を含む）等に対して行っている。単なる貸付だけではなく，貯

蓄活動を始めるためのトレーニングと職業開発のための技術支援，また地方都市における信用組合のネットワーク形成のための支援等も並行して行っている。このプログラムの特徴として，以下の点を取り上げることができる。第一に，貸付を実施する際に，機構からコミュニティの信用組合に対する貸付は市場の利子に比べると低いが，信用組合からグループメンバーに対して行われる２次貸付に対しては，市場利子に近いレヴェルで貸付が行われ，組合はこの過程から発生した金利差額を利用してコミュニティの自立的な発展を図る形態を取っている。第二に，組織の運営形態であるが，本機構の設立当初から多数のNGOと民間出身者が参加している。そして，理事会はタイ住宅公社が議長を務め，CODIは事務局，政府，コミュニティ，民間部門（NGOを含む）の各3名から構成されている等，官民協力による公平な意思配分を通じた組織運用を図っている。CODIは，貯蓄活動による自己資金とコミュニティ開発基金を組み合わせ，住宅とインフラ，生計向上，コミュニティビジネス，福祉システム，緊急支援等，幅広い領域をカバーし得る活動を展開しており，これらコミュニティの支援のみならず，コミュニティ間のネットワークが育成できる装置を支援してきた（ソムスック，2005）。

　最後に，スリランカのコミュニティ建設契約制度を紹介することにしよう[9]。スリランカは，ポピュリズム政権下に実施された「住宅100万戸計画」（註4参照）の過程で進められたコミュニティアクションプランの経験を通じて，スラム地域の改善を行う「コミュニティ開発協議会」を運用してきた。一方，南アジアの民間団体の多数は，コミュニティ主導の開発を支援する専門家集団として機能してきたが，スリランカの都市ではこのような経験は少なかった。その中で組織された団体である「セワナター（＝住居のために手を指し伸びあって労働を行うという意味）」はそのひとつの例である。1989年に土木建築技術者たちが集まって小さな集団を作り，コロンボ市内のスラムに事務所を設置した。その中には住宅公社の職員も含まれていた。コミュニティアクションプランを推し進めながら，政府の中で働くことに限界を感じていた技術者たちが少なくなかったのである。セワナターが重点を置いていたのは都市リソースセンターとしての役割である。これは地域の住民と自治体に対し，開発に必要な情報と技術を提供するサービスセンターで，相互ネットワーク作りを助けていく。このセワ

ナターが媒介となり実施したのが，いわゆるコミュニティ建設契約制度である。例えば，コミュニティ内に必要な施設の工事を外部の業者ではなく，住民などコミュニティの利害関係者で構成されたコミュニティ開発協議会に発注すると，建設費も廉価で工事期間も短縮できる。さらにコミュニティは経済的にも利益を得ることができるばかりでなく技術的な経験も蓄積することができ，かつ将来の雇用問題にも良い影響を与える事ができる。しかし，ここで問題となるのが，入札と監査等，既存の会計規則を乗り越えること，そして，役所の担当者が抱く住民の技術的な水準に対する憂慮を払拭させることであった。ここで，スリランカのある都市の事例を挙げてみよう。

スリランカ中央部の古都キャンディ市の場合，市長は競争入札無しにコミュニティ建設契約を合法化させるため，市議会で特別決議を成立させることを決めた。セワナターのチームは，住民に技術指導をしながら地域で必要としている井戸の設計を手助けする一方，市の決議案素を作成した。市役所の技師たちにはどのようにすれば市行政の枠内で工事の進捗管理が可能なのかを順序良く説明し，各段階で求められる書類様式を起案した。当該コミュニティの共同井戸の建設契約は，キャンディ市とコミュニティ開発協議会との間で1994年4月5日に締結した。工事費は23,000ルピーで，住民は直ちにシュラマダナ（無償で労働を分かち合うこと）を組織して工事に着手し，その後立派な井戸が完成した。この場で市長は2つ目のコミュニティ建設契約を約束した。それは地区を貫通するコンクリート排水溝を建設することであった。

5 | スラム再生を支援する制度的環境の整備へ

スラム地域の再生は，いくつかの重要なキーワードを通じて開発のオルタナティブを提示している。まず，「イネーブリング政策環境（enabling policy environment）」である。政府は，全面的に行政により供給（provide-based）するか割り当てられる（allocation）のではなく，住民自らが主体となって開発プロセスに参加できるよう，資源と技術，金融，そして制度に対するアクセシビリティを高めることに徹するべきである。それらを通じて都市貧困層の住民自らによる都市開発プロセスへの参加が保障されさえすれば，コミュニティは，よ

り廉価な費用でより多くの効果を得ることができ，住民のニーズにも添った形で高い満足度が得られる開発を推進することができるという示唆を与えている。次に，生産主義的かつ投資志向的な地域の経済開発に基づいた「社会開発アプローチ」である。最近のアジアの都市内のスラム及び再定住コミュニティ等では，マイクロファイナンスを中心に据えた様々な形のスモールビジネスが活発に行われている。住民は貸付を得てコミュニティの中でビジネス活動を展開しながら，収益の一部は貸付の返済及び貯蓄に充てていく。活動の初期は，住民の政治的動員に活動の焦点を当てていたコミュニティ組織家，ソーシャルワーカーたちが，これらの活動を本格的に支援し，コミュニティの経済開発が進められるよう，そしてそれらを通じてコミュニティの社会的環境も改善できるよう支援する役割へと中心軸を移してきた。最近はコミュニティ内でこれらの活動を支援する組織家を自前で養成していくNGO団体（例えば，フィリピンのDAMPA）[10]も登場している。

　最初に述べたように，スラム再生は，ハードの整備だけでは成し遂げることができない。すなわち，スラムの物理的な環境の再生と経済的／社会的な環境の再生が，コミュニティ内部において同時並行的に行われる時こそ，スラム再生はシナジー効果を得ることができるのである。また，何よりも西欧中心的かつ近代的な計画理論に当てはめるのではなく，住民自らが開発を引き起こすことができるよう，それらのプロセスを支援し参加を促進することができる制度的な環境（小規模コミュニティ貸付プログラム，住民参加型ワークショップを通じた開発プランの作成，住民によるコミュニティ開発主導等）を整備していくことを通じて，内発的な実践モデルを育成していくことなどが，グローバル時代のアジアのスラム地域再生実践から得られる知見ではなかろうか。

〔註〕

1）スラムが必ずしも住民の生に否定的な影響を及ぼすとは限らない。つまり，都市生活への適応のための緩衝材としての役割をしたり，あるいは全体社会の発展と統合に貢献するメカニズムを持つ場合等，スラムのポジティブな側面も見逃すことはできない。これらのようなスラムに対する対立両論としては，例えば，C. Stokes (1962) の「希望のスラム (slums of hope)」と「絶望のスラム (slums of despair)」，C. Frankhenhoff (1967) の「開かれたスラム (open end slums)」と「閉ざされたスラム (dead end slums)」，J. R. Seeley (1959) の

「過渡的スラム（temporary slums）」と「永続的スラム（permanent slums）」等の多様な研究の蓄積が成されてきた。しかし、このようなスラムの２つの特質が実はひとつのスラム内に共存しているということが多くの調査報告書を通じて実証されてきており、いかなるスラムも逆機能的な側面を持つと同時に順機能的な側面を持っていると見なすようになった（新津、1989）。ここでは、スラムの持つ順機能的な側面を認める一方、他方では逆機能的な側面にも注目し、それらが生み出す排除メカニズムの軽減を通じて順機能的な効果を倍加させるための戦略的な側面でスラム再生について考えてみることにしたい。

2）　Galtungは暴力を行使する主体が存在する場合、その暴力を個人的、または直接的暴力と呼び、このような行為主体が存在しない場合、それを構造的または間接的暴力とし、暴力の構造的な側面に注目している。すなわち、暴力は構造のなかに組み込まれており、不平等な力関係として、それゆえに生活の機会の不平等として現れる。つまり、客観的に避けることが可能であるにもかかわらず人が飢えている場合、そこには暴力が存在するということである。このように、主体‐客体関係があきらかな暴力は、それが行為という形をとるので顕在的暴力ということができるが、このような関係が見えにくい暴力は構造的であり、構造のなかに組み込まれている。例えば、百万人の夫が自分たちの妻を無知の状態に放置しているとすれば、それは構造的暴力となる。同様に上層階級の平均寿命が下層階級のそれの二倍である社会では、ある人が他の人を殺す場合のように他人を直接攻撃する具体的行為主体を示すことはできないにしても、暴力が行使されていることになる（Johan, 1969）。

3）　パキスタンのハイデラバード（Hyderabad）のクダ・キ・バスティ（Khuda-ki-basti、ウルドゥ語で「神の居住地」という意味）地区が代表的である。居住サービスは、タンクで水を運んでくれることだけで、居住者は自らの経済状況に応じて自力で住宅を建設する（この過程で本当に住宅に困っているかどうかを判断する。もし誰も住んでいない土地があれば返さなければならない）。いかなる住宅建設基準をも設けず、そのことによって居住者たちは、自らの経済状況に応じて建設することが可能となるのである（植民地から独立した途上国の中には近代化という口実の下に高い水準の建築基準・都市計画法を設定し、それに伴い住宅事情に困窮している人々の居住条件をさらに悪化させている場合が頻繁に確認された）。一旦居住し始めると住民たちは共同のインフラ建設のため一定金額を積み立てていかないとならず、これは上下水道や電気設備等の建設に使われるが、優先度に関しては投票によって決める。結果的にクダ・キ・バスティ地区には１万５千名が居住することとなり、生活に必要な商店街や建築資材店、近隣の工場とハイデラバードを往来するマイクロバス等が運行され、次第に町らしい形態を保つようになった（大月、1995）。

4）　そもそもはスリランカのポピュリズム政権であるプレマダーサ大統領時代の「住宅100万戸計画（1984～89）」が嚆矢である。それに先立って実施された「10万戸計画」が土地の有効利用のため中高層公共住宅を建設供給したが、これらの住宅はコストが高くかかるため、貧困層の手に届くのに限界があった。このようなトップダウン型の住宅供給型政策（supply-based strategy）が推進される期間中に、公共事業の枠外で、貧困住民は自力で、より安く、またより多くの住宅を建設していたことが確認された。のみならず、このように、住民自身が建設をコントロールしていくシステムが、政府が供給する住宅よりも人々のニーズにはるかに適合していることも認識できた。そのような反省に立ち、プレマダーサ政権は、住民支援型政策（support-based strategy）を推進することになる。それを具体化したのが、いわゆる「住宅100万戸計画」である。これは、住宅予算が10万戸計画に比べ３分の１に激減し

たのにかかわらず，目標戸数を10倍も増やすことができた画期的なものであった。それを可能にさせたのが，いわゆる政府は直接住宅供給に臨むのではなく，住民による住宅建設を支援する役割に徹すべきであるという論理であった。すなわち，「政府は住宅そのものを建設するのではなく，人々が自ら住居を建築することを可能にするため，これを後方支援する役割に徹すべきである」というイネーブリング原則（enabling principle）適用の最も相応しいモデルとして国際的に注目されたのである（穂坂, 1998）。
5） 1940年代にアフリカで実施されたイギリス植民地福祉担当官による社会プログラムにこのようなアプローチの嚆矢を見ることができる。当時「大衆教育（mass education）」という名目の下で実施された（小規模世帯企業の設立からコミュニティ施設と経済的・社会的インフラ整備にまで及ぶ）一連の農村開発プログラムは，その後，イギリス国内に紹介され，コミュニティ開発（community development）という名称で展開された。これは明らかに個人に対する救済ではなく，コミュニティに焦点を当てたものである（Midgley, 1997）。
6） 論者によっては，「人間関係資本」，「関係資本」，あるいは「社会資本」等で呼んでいるが，ここではこの概念が含意する「関係的な特性」に着目し「社会関係資本」と呼ぶことにする。「社会関係資本（social capital）」は社会に存在する個人と集団間のネットワーク，さらにはそのような社会「関係」内に存在する「信頼」と「規範」という「目に見えないもの」に着目し，それらが社会の成長，発展，開発にとって有用な「資本」であるという主張で，90年代以降多様な分野で取り上げられている。一方，Midgley等はコミュニティ開発に必要な物理的な施設の供給のみならず，住民を組織し地域の開発のための活動を強化させる回転融資（リボルビングコミュニティローン）のようなコミュニティの資産（assets）の創出等，社会的目的のためのインフラ開発について紹介しており，社会関係資本を「社会的なインフラ（social infrastructure）」と定義している（Midgley and Livermore, 1998）。
7） ローコスト下水処理設備と住宅，教育，研究とトレーニングを担当するOPP-RTI（Research & Tranining Institute），小規模企業のクレジットプログラムを担当するOPP-OCT（Orangi Charitable Trust），最後に健康プログラムを担当しているOPP-KHASDA（Karachi Health & Social Development Association）がそれらである（Perween, 2002）。そのほかにOPPに対するより詳細な紹介はアリフ・ハサン（1987），そしてOPPに対する都市計画論的な考察を行っている穂坂（2001）を参照。
8） 設立当時は都市コミュニティ開発事務局（UCDO, Urban Community Development Office）であったが，その後農村地域を包括する全国組織として拡大・改編するに従い組織名を変更した。
9） 以下に紹介するコミュニティ建設契約は，穂坂（1998）から要約しまとめた内容である。
10） DAMPA（The Damayan ng Maralitang Pilipinong Api）は，トンド（Tondo）のスモーキー・マウンテンにある都市貧困コミュニティへの大規模かつ暴力的な撤去に対応し，1996年頃に組織された。当時，強権的な撤去にもかかわらず，数百世帯が必死の抵抗で残ったため，適切な基本的なサービスや社会的保護が必要であった。このような一連の事件に対し，メトロ・マニラにある様々な都市貧困コミュニティは，不法的な撤去とリロケーションに立ち向かい，貧困コミュニティの権利と利得が守れるよう，都市貧困組織の連盟（federation）を形成した。その中でDAMPAが設立された。それ以来，DAMPAは多様な活動を行っている。様々な政府機関とも積極的に連携し，国際・国内の法律や基準に合う，適切でアフォーダブルな住居や人道的な撤去とリロケーション，基本的なサービスの供給，そして識字・生

計向上等基本的な貧困課題に対し実行可能な解決策に貢献することを目的として活動を行っている。現在DAMPAは，メトロ・マニラ内に59のメンバー組織を有している。またDAMPAは，1996年6月28日に証券取引委員会（Securities and Exchange Commission, SEC）に非株式・非営利（non-stock, non-profit）組織として登記されている。

10章 貧困コミュニティにおける社会的排除とコミュニティ開発
：韓国の貧困コミュニティからの実践を中心に

1 | 韓国における貧困層居住地と施策展開

　いわゆる「スラム」として呼ばれる貧困層の居住地域は，地域によって様々な形で表現される[1]。それはそれだけ多様な生き方や文化が存在することを意味する。世間の目とは異なり，人々はスラムの中にいるがゆえに生きる力を得ている。例えば濃密な近隣関係による仕事の斡旋や紹介，持ちつ持たれつの安心居住など，今では見られなくなりつつあるコミュニティという匂いを思い起こさせる居住の行為がそこにはあるのである。その意味で「スラムは問題ではなく解決」であると言えるのだ。
　韓国においても貧困層居住地域は，「板子村（パンジャチョン）」，「ダルドンネ」，「サンドンネ」等と呼ばれていた時期があった。どちらも当時の代表的な都市貧困層居住地を意味し，そのほとんどは国公有地であった。多くは1960年代に入り激増したが，それは当時の国家主導による輸出志向型工業化政策が本格化されるにつれて都市と農村の格差がますます拡大し，逼迫した農村から都市へ大規模の人口流入がもたらされたことによる結果でもあった（引っ張り要因）。その後貧困層居住地は，本格的な「不良住宅再開発」政策が推進されるに従い，今ではほとんどが高層マンションに入れ替わってしまった。そのような再開発政策の中で最も代表的であった「合同再開発事業」[2]方式の下では，より多くの開発利益の確保のため高層高密の開発が行われ，商業主義的な色合いを増してきたことにより，物理的・社会経済的側面で様々な問題が生み出される結果ともなった。とりわけ，事業地区内の居住者の社会経済的な状況を考慮せず物理的な整備に終始してきた問題は大きい。その結果，事業後戻り居住を果たせた住民はわずかしかおらず，住み慣れた地域から追い出され，再開発後の住宅は元の居住者

とは無関係な外部者や開発利益を狙った投機者の手に譲られた[3]。すなわち再開発による「経済的利益」が，建設資本や投機資本の手に渡る一方で，その「社会的費用」は貧困な住民に転嫁されたのである[4]。

1987年の民主化抗争から始まる社会の激変過程の中で，高まる市民意識を元に居住の権利の実現に向けた貧困当事者からの要求や参加活動は，その後様々な社会的制度の形成へと実っていった。1989年の住宅200万戸建設計画の中での「永久賃貸住宅（＝公営住宅）」や再開発事業の際にも，テナントの住民には「再開発公共賃貸住宅」が割り当てられることになったことなどは高く評価できる。しかし，それらによって貧困居住者の居住及び生活環境の改善が十分な水準まで引き上げられたとは言い難い。それはこれまでの居住貧困地域に対する都市政策が居住者を排除し，ハードな環境の整備だけに終始してきたことに大きな原因がある。そのためそれまでの貧困コミュニティを中心に形成されてきたソーシャルキャピタルは台無しにされ，住民の生活水準に最もふさわしいアフォーダブルな住宅及び居住地は形骸化した。そして住民の一部はより郊外へと分散し，ビニルハウスなどを利用した新たな不良住宅を再生産するか，あるいは都心の孤独な居住地へと隠蔽されてしまう形（「チョッパン」，「考試院（コシウォン）」，「地下住居」）で現代の居住貧困層の新たな再生産メカニズムが構築されたのである[5]。これは住民なき都市政策の結果であり，取り立てて貧困コミュニティが政策から排除されてきた過程を物語っているのである。

以上のような問題に対し，居住地整備においても物理的な環境整備に加え，雇用や教育，そして健康及び保健・衛生のような人的資源の開発や防犯など地域社会環境の改善を取り入れ，整備事業の方向を「整備」から「再生」へと改めるべきであるという提案も出された（ペ・スンソク，2001；韓国都市研究所，2003）。なお，居住地整備において都市や地区単位だけではなく，コミュニティ単位の整備の重要性についても重視されるようになった（ホン・インオク，2000）。しかし，それに加え最も重要なのは，それらの活動を実際のコミュニティにおいて実現していくためのコミュニティ側の受け皿をどのように構築していくか，さらに排除に抗してコミュニティの再生とそれを手助けするためのコミュニティワーカーをどのように養成していくかである。

以下では，以上のような問題意識に基づき社会的排除アプローチに立って地

域を検討し，貧困や衰退に喘ぐ地域の再生に向けてどのようなアプローチが講じられるべきなのか，社会開発アプローチを参考にしつつその方向性を理論的に検討し，さらにこれまで韓国で実践されてきたコミュニティ参加活動の展開を追いながらその内容や特徴について紹介する。最後に現在排除や剥奪を経験している諸地域で排除に抗するための地域再生の戦略を模索する。

2｜社会的排除アプローチの登場

1970年代以降，経済成長の停滞と財政危機の到来によって多くの先進資本主義諸国において「福祉見直し論」や「小さな政府論」が勢いを増し，さらにそれに対応する形で「福祉国家の危機」論が展開した。こうした福祉国家の危機は，1970年代以降に先進資本主義諸国が経験してきた急激な「経済的な再構造化」と「社会人口学的な変化」による影響が大きく，その結果，労働力の柔軟化と社会的二極化が拡大した。近年，それらによる影響を凝縮させる概念として「社会的排除」が一般に広まるようになったことは既に指摘したとおりである。とりわけイギリスの場合，1997年に，長年間続いた保守党政権から政権を取り戻したブレアの労働党は，前任者らによって作られてきた「貧困」施策に代わり，「社会的排除」という新たな概念を政策用語として掲げ排除に抗するための戦いに臨み始めた。さらに，EU統合と共にその統合的な社会政策の中核として，やはりこの社会的排除概念が登場し始めた。ここでは特定の人口を包摂する方法のひとつとして，メインストリーム社会への参加を重要視している。つまり，この観点の底辺には，正常な社会的生活から「切り離し(detachment)」されてきた／されつつある新たなアンダークラスの人々がいることに注目しているのである[6]。さらにこのような「切り離し」こそが，新たな貧困を説明する上で重要な要素であると見ている。したがって政策的にはそれらの人々をメインストリーム社会へ取り戻すことが課題と見なされている。そのための具体策としては，賃金雇用のような経済的なレヴェルからの対応のみではなく，家族や，コミュニティ参加，政策への参加等のような文化的なレヴェルからの変化が重要であると捉えられている (Gough et al., 2006)[7]。

現在は，欧州のみならず全世界で各国の政府や非政府を問わず，またUNを

含む諸国際機関や会合（社会開発に関する世界サミット，コペンハーゲン，1995）においても幅広く議論されており，社会開発の戦略における主要な要素として取り上げられている（Bhalla and Lapeyre, 2004: 和訳, 2005）。

社会的排除はマクロ的には貨幣中心の既存の貧困概念に代わり，多次元的な貧困化のプロセスに着目しており，様々な社会の制度や組織との関係性に焦点を当て，包摂に向けた社会の方からの変化（inclusive society）を導き出すことに矢を向けている。しかし，一方では上記でも示されているように排除に向けた実際の戦略が，個人だけを対象とした施策の中でその受け皿となる「メゾの領域」からの視点が抜けていることにも目を向けるべきである。それはいわゆる「地域」の排除をもたらし得る。

実際には荒廃した団地や社会的な資源やサービスへのアクセスが十分ではない「地域」を通じて排除のメカニズムが促進されたり合成されたりしているので，その地域にターゲットを当てた戦略が求められる[8]。

以下では地域の排除に関連する議論を検討して見ると共に，そのような地域の再生に向けた実践例を紹介する。その後次の節に移り貧困コミュニティに向けた開発戦略を模索する。

3｜剥奪された地域の再生に向けた社会開発アプローチ

1 地域と社会的排除

近年，社会的排除に関心を置く研究や政策の中でも都市内における社会的な不利益の集中に焦点が当てられてきたことは前章で触れたとおりである。とりわけ，社会的排除のダイナミックな特性において地域の役割が最も大きな関心を集めている。特に都市における社会的排除には，特定の地域への剥奪の集中が問題として指摘されている（Lee, 1998; Atkinson and Kintrea, 2001; Murie and Musterd, 2004）。社会的排除は，人々が完全なる市民として享有できるような利益から次第に閉ざされていくダイナミックなプロセスに関連して使われており（Walker and Walker, 1997: 8），剥奪が集中している地域の居住者は，最も市民的権利から排除される結果に陥りがちである。その意味で社会的排除による問題のひとつとして不利益を被る世帯の地域的な集中による問題（exclusion from area）と，社会参加への制約や社会からの孤立等，その地域に居住することによってもたらされる様々な不利益の影響に関する問題（exclusion through area）を伴う。これらの地域による社会的排除に関しては，「近隣や地域に関わる影響（area / neighbourhood effects）」を中心とした議論がなされている（05章参照）。それは，ある特定の地域に生活することによって社会的・経済的機会に影響がもたらされる効果であると定義され，そのような地域に対する対応が急がれている（Atkinson and Kintrea, 2001: 2002）。[9]

一方剥奪された地域の再生を明確に視野に入れ対応に取り組んでいる例もある。イギリスでは1998年以来，New Deal for Communities（NDCs）プログラムが実施されており，イングランド全域に39のパートナーシップを設置し，地域再生プログラムを実施している。なお，スコットランドでもSocial Inclusion Partnerships（SIPs）プログラムが貧困層の地域をターゲットとして事業を展開しており，スコットランド全域で34地域に及んでいる（Atkinson and Kintrea, 2002）。2001年には，「副首相府（Deputy Prime Minister's Office）」直轄の「地域再生局（neighbourhood renewal unit）」が設置され，剥奪された地域に集中した施策を講じている。特にそれらの地域に対し，地域コミュニティの安全，経済的な開発，高水準の教育と健康プログラム，そして適切な住居（decent housing）の供給などを目標として掲げている。

アジアの発展途上国においても先進的な例を見ることができる。そこではマイクロファイナンスを中心とした小規模貸付，スモール・ビジネス（コミュニティ・ビジネス）及びコミュニティのニーズに基づいた社会保障制度の運用なども図られている。フィリピンではコミュニティ抵当事業（Community Mortgage Program）を取り上げることができる。CMPは都市居住分野におけるマイクロ・ファイナンスの成功事例としても有名である。特徴的なのは，NGO等が政府とコミュニティの間で融資オリジネーターとなり，スクォッター地区の住民組織支援や融資関連の事務手続き支援などを行なうことで住民の土地権利獲得の手助けになっている点である。[10]さらに土地を獲得した居住者とコミュニティは，道路の舗装や橋梁の補修など地域の改善にも取り組んでいる。

タイのコミュニティ組織開発機構（Community Organization Development

Institute，設立当時はUCDO）は，中央政府から預託された12.5億バーツを基金として，貧困層コミュニティにより組織された信用組合に融資を行い，組合はその資金を原資として組合員に対し，また融資を行う。そしてその過程で発生する金利の差額を通じて，コミュニティの自立的な発展を図る仕組になっている[11]。貯蓄活動による自己資金とコミュニティ開発基金を組み合わせ，住宅や地区インフラ，生計向上，コミュニティビジネス，福祉システム，緊急支援など幅広い領域をカバーしうる活動を展開しており，CODIはこのようなコミュニティの建設やコミュニティ間のネットワークが育つ環境を支援してきた。

低所得の世帯が自ら開発に参加し衛生設備へアクセスできるよう，地域内の路地管（多くの場合は二次管も含めて）の計画・建設と管理は住民に任せ（内的開発 internal development），政府は地域外の幹線や処理設備等のインフラを担当する（外的開発 external development）といった計画論理を可能にさせたOPPは，1980年にパキスタンのオランギ地域で一NGOとして活動し始めた。そしてその地域を中心に5つのプログラム（ローコストの下水処理設備・住宅・健康・教育，小規模企業に向けたクレジット）を成功させ，1988年には3つの機構（ローコスト下水処理設備や住宅，教育，研究とトレーニングを担当するOPP-研究及びトレーニング機構（RTI），小規模企業のクレジットプログラムを担当するOPP-オランギ慈善トラスト（OCT），そして健康プログラムを担当しているOPP-カラチ健康及び社会開発協会（KHASDA））に発展し，地域のNGOやCBO，そして政府機関との協力・協働関係を強化しながら地域で活発に活動している。

日本で最も大きな寄せ場地域を抱える東京や大阪でも，地域全体を視野に入れたコミュニティ再生活動がホームレスや社会的弱者への居住支援活動と一体になって活発に行われている。例えば東京では山谷地域を中心に活動している「ふるさとの会」が取り上げられる。1990年に「ボランティアサークルふるさとの会」として設立された同会は，1999年に第二種社会福祉事業宿泊所として「ふるさと千束館」を設立したのを皮切りに，同年10月にNPO法人格を取得，2000年には「ふるさと日の出館」設立，2001年には「東京都城北福祉センター分館・敬老室」の委託運営，「ふるさとあさひ館」と「就労支援ホーム・なずな」の開設，2002年には「ふるさとせせらぎ館」と「ヘルパーステーションふるさと」を開設するなど，地域再生のネットワークを張り巡らせるような形で事業

を展開しており[12],衰退傾向にある地域の再生に徹している。日本で最も大きい寄せ場である大阪の釜ヶ崎地域でも「釜ヶ崎のまち再生フォーラム」が中心となり,地域資源の発掘とネットワーク化を通じた地域再生に取り組んでいる。

Choguillは,貧困コミュニティに対する政府の態度によって8つのコミュニティ参加がもたらされると述べ,貧困コミュニティの開発プロセスにおける政府の態度とそれに対するコミュニティ側の対応に注目している(Choguill, 1996)[13]。つまり,Choguillの議論に基づき以上の例を見ると,貧困層コミュニティに向けた政府の機能とそれに対応するコミュニティ参加のプロセスによって開発の性格も異なってくることがわかる。

「ソーシャルキャピタル」は,社会に存在する「個人や集団間のネットワーク」,さらにはそうした社会関係の中に存在する「信頼」や「規範」といった「目に見えないモノ」に着目し,これらが社会の成長,発展,開発にとって有用な「資本」であるとする主張で,1990年代以降様々な分野で取り上げられている。このソーシャルキャピタル論をコミュニティ参加に関連して検討してみたい。

Evans (1996) は,政府と市民社会間の様々なアクターの関係を整理しながら途上国の開発における政府と市民社会のシナジーについて分析し,政府のガヴァナンスでもコミュニティでもない,その相互の関係に注目した。言い換えれば,それはトップ・ダウンでもボトム・アップでもない,一方が他方に対して働きかけ合うことの相互作用(=政府と市民社会のシナジー)が重要であるということである。以上のようなEvansのシナジー論がシナジー構築のメカニズム解明にあるとすれば,WoolcockやNarayanは,シナジーをマクロやミクロレヴェルの社会的紐帯という概念に置き換えて,どのような紐帯を築く必要があるのかという説明を試みている。例えば,Woolcock (1998) はグループ内の結束のみではなく,グループ外の他の集団や政府などとの連携を強める役割を果たすものもソーシャルキャピタルであるとし,それについてNarayan (1999) は前者を「結束型(Bonding)ソーシャルキャピタル」,後者を「接合型(Bridging)ソーシャルキャピタル」と呼び,特に開発に不可欠なのは後者の異なるグループ間の連携と政府の機能との関係,つまり政府の機能と接合型ソーシャルキャピタルとの関係であると述べた(坂田, 2001; 辻田, 2001)。

以下では以上のような政府の領域に対しミクロな個別対応(個人や世帯に向け

た資源やサービスの割り当てなどの消費主義的な戦略）に終始するのではなく,「メゾの領域」である「地域（あるいはコミュニティ）」に着目し, 排除に抗するための地域（コミュニティ）の戦略（コミュニティに根付いた開発戦略）を模索する。

2 包摂的な地域再生に向けた社会開発アプローチ

このような戦略を講ずるにおいて有効な概念として, Midgleyの社会開発概念を取り上げることができる。これまでの再分配的社会福祉が, 非生産的で依存主義を助長し経済成長を阻害すると批判されてきたのに対し, 社会開発は, 生産主義的で投資志向的な, そして経済的な参加を強化し開発に積極的に寄与する社会的プログラムに対し資源を割り当てるべきであることを強調している。つまり, 社会福祉と経済開発の二分化を終息させ, 再分配的で消費志向的であるよりは, 生産主義的で投資志向的なものとしての社会政策概念を再構築しようとする。このアプローチは, 生産主義的な社会政策とプログラムを強調するのみならず, 社会的目的のために経済成長の力を利用しようとする広範囲な試みとリンクさせようとするものである。

また何よりもそれを実現させる戦略として, 個人のレヴェルでは労働市場への参加を増進させるだけではなく人的資本の構築を促進することや, 資産（assets）を蓄積すること, そして小規模の企業活動（micro enterprises）を発展させること等が提示されている。このような方向は「治療的な対応から投資的なアプローチへ」とベクトルを変えることを意味する。なお, それらによって蓄積された資源や資産は結果的に「コミュニティ」に回帰していく。つまり, 社会開発アプローチでは, 個人にではなくコミュニティにターゲットを絞っている。[14] 多くのアジアの発展途上国で高費用の在宅ケアや他の治療的サービスを行うより, サービス・デリバリーのための拠点としてコミュニティデイケアセンターを活用する手法が展開されているのも良い例である（Midgley, 1999）。

またコミュニティのソーシャルワーカーは, 地域でソーシャルキャピタル[15]を形成し, 住民の生計を促進する事業を行うことにより, 地域の経済開発を進めていく役割を責務として持つべきであると言う（Midgley and Livermore, 1998）。Midgleyは, ソーシャルワーカーは貧困コミュニティにおけるコミュニティ実践に長らくかかわってきたが, 主として社会的・政治的な行為, つまり地域組織間の連携を構築・調整することやサービス改善のためのキャンペーン行動へ

住民を組織すること,そして住民参加を強化させることばかりに焦点を当て,地域の経済開発プロジェクトには無関心であったと指摘している。つまり慣習的なコミュニティ・オーガナイゼーション (CO) は,地域の経済開発プロジェクトに向けて最も焦点を当てる必要があるというのである。例えば高い失業率や荒廃した住宅,そして住民が郊外へと移転してしまい衰退の傾向を増しているコミュニティでは,最も地域の経済開発をサポートする方向へと社会的介入が施されるべきだと主張している。ここで特にコミュニティワーカーは,生産的な活動に向けてソーシャルキャピタルを形成させ,(とりわけ,女性と低所得層に向けた)新たな企業をつくり,一方コミュニティは地域の企業やコミュニティ開発機構などの設立をサポートすることや雇用参加者のためのネットワークを構築することなどを手助けする必要がある。そして国家においてもこれに対しより包括的な意味で経済的参加を阻害する要素やジェンダーなど様々な差別を除去させ開発が起こりやすい環境を整備していくことが求められるのである (Midgley, 1995, 1999)。

韓国では「生産的福祉[16]」を基本理念に掲げ2000年に制定された「国民基礎生活保障法」に基づき「自活事業」が導入されてきた。しかし,社会開発を通じて掲げられている生産主義の概念と比べると,韓国の「生産的福祉」はまだ(貧困線以下の個人や世帯にフォーカスが当てられている)残余主義的な性格が色濃く含まれており,労働を優先事項として重要視していることから,社会的投資に基づき共同体とコミュニティ全体に関心を向ける社会開発における生産主義(開発主義的福祉)とは大きな違いがあると指摘されている(キム・ヨンファ, 2001)。

一方現在の「国民基礎生活保障法」下の自活概念は,以上で指摘したように残余主義的な特性を持ってはいるものの,そもそも「自活事業」はこれまでの貧困コミュニティが試行錯誤を繰り返しながら行ってきた実践の制度化という意味をも持っている。以下ではそのような貧困コミュニティからの対応とその展開を検討すると共に,上記のような課題を取り除き,より排除に抗し得る地域再生の戦略と貧困コミュニティの実践との統合モデルを模索する。

4｜排除に向けた貧困コミュニティの対応と展開

 以下では，国家や資本による社会的・空間的な開発圧力の高揚に立ち向かうため貧困コミュニティの中から打ち出されてきた生存戦略の中心的な特徴を掴み，かつその歴史的な展開を概観してみる。冒頭でも述べたように，ここでは貧困コミュニティに対する政府の機能（意志）とコミュニティからのアプローチという対応式に喩え，政府とコミュニティとの相互関係のプロセスに着目し，コミュニティ開発の特徴を捉える。その際開発主義政府に対する即応的な対応を「抵抗・要求型」とし，無能（無関心）な政府に頼らずコミュニティとNGOが連携を組み現状を打開していくアプローチを「自助開発型」，そして貧困住民自身による開発を支援する支援型政府とコミュニティ同士の相互関係資源のネットワークの拡大（＝政府とコミュニティとのシナジー）を特徴とするアプローチを「参加型のコミュニティ開発アプローチ」と紹介する。また，参考までに，ここで取り上げる事例は筆者自身がオーガナイザーとして貧困コミュニティの開発にかかわる活動へ参加（1994～98年）した経験知に加え，これまで頻繁に行ってきた現地視察や事例研究に基づいていることを断っておきたい。

1 貧困コミュニティの組織化と「抵抗・要求型」アプローチの展開

 韓国の貧困コミュニティにおけるコミュニティ開発の展開は，貧困コミュニティの再編と解体過程に立ち向かう居住権運動と並行して本格化することとなった。1960年代中盤までは，貧困層によって自主的に開発された居住地に対し，整備する意志も能力も持っていなかった政府による間欠的な撤去や移転政策がほとんどであったため，コミュニティからの対応に目立ったものはなかった。地域が撤去されても近くに十分な土地があったためそこにすぐ移ってしまい，撤去に反対するための「抵抗」が芽生えなかった。しかし1960年代後半になると，当時ソウル市の人口の約10%に当たる人々を対象とした強制的な移住政策による大規模な撤去整備策が推進され，至る所で住民と政府との摩擦が起こった。1971年に起こった「廣州大団地事件」はそれを象徴する代表的な事件であった。その後1970年代に入るとこれまでの政策から方向転換し，新規のスクォッター地域は抑制するが政府によって誘導された移住先は陽性化するとと

もにオン-サイトの改良事業を通じて安定させる政策が施されるようになる。その過程で後述する「ボグンジャリ」事業が始まることとなった。一方1980年代には冒頭で紹介したようにこれまでのスクォッター地域への政策とは異なる「合同再開発事業」が本格化した。その過程で住民の対応もより組織的なものとなり運動の性格も既存のような反対・要求型から「居住の権利」に基づいた運動へと質的な転換を見せることになる[18]。

2 コミュニティ組織化（community organization）の開始

　貧困コミュニティの組織化（以下，CO）は，1968年9月に延世(ヨンセ)大学校内に「都市問題研究所（Institute of Urban Studies and Development）」が設立され[19]，当時の板子(パンザ)村(チョン)や川岸のスクォッター地域等の貧困コミュニティを中心とした本格的なプログラムが実施されたことから始められた。当時「都市問題研究所」ではそれらの地域でCOとコミュニティ開発に当たるオーガナイザーを養成するためのアクション・トレーニング・プログラム（Action Training Program）を実施していた[20]。このトレーニングを通じて相当数のオーガナイザーがソウル市や首都圏のほとんどの貧困コミュニティに派遣されCOに取り組むこととなったのである。研究所内の都市宣教委員会が主管する最初の公式的なアクション・トレーニング・プログラムは1969年1月に始まった。訓練生は二人が1チームとなりそれぞれ異なるスラム地域に配置された。かくして地域に配置された訓練生が最初に着手したことは，地域の物理的な環境を調査し，社会的条件を把握することであった。また住民と接触する過程で訓練生たちは住民にとって最も切迫した問題を確認することができた。以下，当時ソウル市内の昌信(チャンシンドン)洞にあるスラム地域で訓練を受けていたグループの例を紹介しよう。

> 「他の地域と同じく昌信洞でも糞尿とごみの処理問題が最も深刻であった。訓練生らはこの問題を処理するため単純であるが最も独創的な戦術を考案した。
> 　この問題を解決するために努力する過程で私は既存の地域発展協議会を発見した。私は協議会の代表らを訪問し，彼らに地域社会の改善のため区役所に行き，糞尿とごみ問題に対する協力を要請するよう勧めた。効果的な協力を得るための戦術として私は代表らに住民がデモを起こし糞尿とごみを投げかけるかもしれないと役員に暗に伝えるように言った。代表らは

役所の役員にそのように伝えた。その後役所は懸命になってごみと糞尿を片づけた。
　訓練生らは糞尿・ごみ問題という比較的簡単で解きやすい問題をまず解決することを通じて住民の信頼を得，また彼らに自信を吹き込ませることができた。その次に訓練生らは立ち退き問題に取り掛かった。」──韓国基督教社会問題研究院編（1987）

　その後COは1970年代の軍事政権による弾圧の下，「首都圏都市宣教委員会（Seoul Metropolitan Community Organization, SMCO）」，「韓国特殊地域宣教委員会（Korea Mission for Community Organization, KMCO）」へと名前を変えながら活動していたが1979年に解体されることになる（図表10-1参照）。軍事政権の下で自由な活動までには至らなかったがこれらの活動による影響は大きい。政治的な弾圧を避けながらも住民のニーズに基づいた活動（住民医療生活協同組合の設立）を展開するなど，次の時代へのより本格的なコミュニティ開発戦略の推進に向けた最初の踏み台となっていたのである。

3　抵抗・要求型住民運動の展開

　先述したように，都市貧困居住地の初期形成期でもあった1950～70年代に比べ，都市再開発が本格化し始める1980年～90年代になると，貧困コミュニティは更に組織化・連帯化が図られるようになる。それによって当時横行していた暴力を伴った非人道的な強制立ち退きは国際社会でも告発された（ACHR, 1989; 1991）。1980年代に入り，木洞（1984）・舎堂洞（1985）・上渓洞（1986）での立ち退き反対運動等を経て，初めての貧困コミュニティの連帯組織である「ソウル市撤去民協議会」（1987）が結成される。それに続き「居住権実現のための国民連合」（1990）という組織が創立されることとなり，本格的な「居住の権利」を目標として掲げた「要求型」の運動を展開していくことになる。その他にも都市貧民の生存権確保のための露天商連合組織や，宗教社会運動の一環として活動していた「天主教都市貧民会」・「基督教都市貧民宣教協議会」等は，貧民運動の連帯組織として，あるいは貧困当事者による運動組織の後方支援組織としてこの時代を中心に展開してきた代表的な「抵抗・要求型」の都市貧民運動組織である。

図表10-1　都市貧民運動関連組織の設立年表

設立年	居住運動関連CBO・NGO	民間社会団体
1969	延世大学都市問題研究所	
1971	首都圏都市宣教委員会（Seoul Metropolitan Community Organization, SMCO）	
	クリスチャン社会行動協議会	
1976	韓国特殊地域宣教委員会（Korea Mission for Community Organization, KMCO）	
1977		
1979	「ポグンジャリ」コミュニティ建設	
	「ハンドク住宅」建設	
1983	基督教都市貧民宣教協議会	
1985	天主教都市貧民会	
	都市貧民研究所（韓国都市研究所の前身）	
	「モクファ・マウル」建設	
1987	ソウル市撤去民協議会	
	天主教ソウル大教区貧民司牧委員会	
1988	ACHR-KOREA	
	蘭谷地域協議会（5月）	
1989	ソウル地域ゴンブバン（勉強部屋）連合会	経済正義実践市民連合（7月）
	全国貧民連合（1989-1991）	全国民族民主運動連合（1月）
1990	住居権実現のための国民連合（KCHR）	全国労働者協議会（1月）
1992	全国都市貧民協議会（1992-1996）	Habitat for Humanity Korea（1月）
1993		人権運動サランバン（2月）
1994	韓国都市研究所（KOCER, 10月）	参与連帯（9月）
		歩きたい都市づくり市民連帯
1995	冠岳住民連帯（3月）	民主労総（11月）
	冠岳社会福祉（12月）	
	青少年文化フォーラム・ウンピッナラ	
	住民協同共同体実現のための錦湖・杏堂・下往地域企画団	
1996	韓国住民運動情報教育院（CONET, 11月29日）	
	自活支援センター（5ヶ所）	
1997	三陽・貞陵地域住民自治・協同共同体実現のための企画団	ボランティア21（3月）
1998	蘭谷地域団体協議会（10月）	開かれた社会市民連合（4月）
		全国失職露宿者対策宗教・市民団体協議会（5月）
		失業克服国民運動（6月）
2000		楽しい組合（6月）
2002		民主労働党（1月）
	全国公共永久賃貸住宅連合（7月21日）	社会連帯銀行（9月）

再開発地域の全景(1997年) 　　クリアランスされた再開発地域の全景(1997年)
　　　　　　　　　　　　　　　　　　　　出所：筆者撮影

5 │ コミュニティに根付いた自助開発型コミュニティ参加

1 再定住のまちづくり・コミュニティ開発
：「ボグンジャリ」・「ハンドク住宅」・「モクファ・マウル」

「ボグンジャリ」とは，発音上は「鳥の巣」あるいは「懐かしい我が家」を意味するが，漢字を使う場合は「福音」という宗教的なメッセージが含まれることもある両義的な用語である。そもそもはソウル市内の楊坪洞(ヤンビョンドン)で始められたコミュニティセンターの名称である。1977年にソウル都心のスラムに対する強制立ち退きに対し，郊外へと集団移住を決意し集まった住民たちが，土地ならしからセルフ・ヘルプによる住宅やインフラ建設を始めた。それに止まらず様々なコミュニティ開発を展開し，やがて地域名としても使われることとなった。また，このような活動を住民に初期移住の準備段階から働きかけていたグループの名称も「ボグンジャリチーム」と呼ばれていた。

その後，1979年にソウル市内各地から強制立ち退きを受けた住民が集まり，「ボグンジャリ」コミュニティの近隣に新たに「ハンドク住宅」が，また1985～86年には，ソウル市の「木洞新市街地開発計画」による立ち退きを受けていた住民の再定住コミュニティとして「モクファ・マウル」がそれぞれ開発され，それら全体を合わせて通称「ボグンジャリマウル共同体」と呼ばれるようになった。

ボグンジャリは，NGOs及びCBOsに対する政府の認識の欠如や，非好意的

図表10-2 再定住居住地区（ボグンジャリ・ハンドク住宅・モクファ・マウル）の特徴比較

	移住時期	建設主体(住宅・インフラ)	宅地購入及び建築費	集団移住世帯数	外部者組織(NGO)	移住前居住地	移住動機	再定着地の住居形態
ボグンジャリ	1977	住民	住民負担（住宅建設）＋外部援助（宅地購入）＊1	170世帯	ボグンジャリチーム	安養川沿いのスクォッター地域	撤去（都市美化事業）	自助住宅（self-help housing）
ハンドク住宅	1979	業者	住民負担（住宅建設）＋外部援助（宅地購入）＊1	196世帯（その中の32世帯はボグンジャリへ追加建設）	ボグンジャリチーム	ソウル市内始興洞，新林洞，舍堂洞，堂山洞，千戸洞，九老洞の無許可不良住宅	撤去（再開発）	連立住宅＊4
モクファ・マウル	1985-6	業者	政府と金融機関からの融資＊2	105世帯		木洞，新亭洞の無許可不良住宅	撤去（公営開発＊3）	連立住宅＊4

＊1　外部援助とは，海外からのNGOや教会関係機関による融資をいう。ボグンジャリの場合はドイツのMISEREOR，イエズス会ウィスコンシン教区，メリノール会から融資を得て，1984年全額返済した。ハンドク住宅の場合は，当時西ドイツのゼントラル・ステレ，SELAVIPから得て，1984年に返済を終えた。
＊2　1985年12月，市に対抗していた一部テナントに地方への集団移住をする代わりに財政的援助をすることが約束され，105世帯が住宅購入融資金の援助を受け，またMISEREOR，セベモ，イエズス会ウィスコンシン教区・ローマ本部，コロンバン本部，その他国内教会関係による融資金も得て移住を果たすことになる。
＊3　1983年4月に発表・実施されたソウル市の「木洞新市街地開発計画」をいう。
＊4　一戸建てとマンションの中間的な性格を持つ小規模集合住宅形式で，3階以下に制限される。
出所：尹宜榮（1987: 42-48）及び発行元不明・年度不詳（1985年頃と推定）の関連団体の文書資料より作成

政府という状況の中で，再定住に際し，ボグンジャリチームというNGOが中心になって海外援助機関からの財政的援助を可能にし，再定住の途を拓いた。また，セルフ・ヘルプ・ハウジング（ボグンジャリ），信用組合，家内工場や生

ポグンジャリのコミュニティ祭り（ポグン
ジャリ信用協同組合より提供）

再開発を控えたポグンジャリ（2006年8月現在）

産協同事業（共同作業場）等のような小規模起業を通じ，貧困住民のケイパビリティを向上させる可能性を広げ，コミュニティの自主管理能力を実現させた。その他にもコミュニティ意識を高めるため，演劇，運動会，地域祭り，キャンプ活動等を通じ，貧困者の共同性を向上することに寄与した。その結果，住民は再定住の費用として借り受けていた融資金の返済を全額無事に終えることができたのである（アンソレーナ他, 1987; ジョン・イルウ・朴在天, 1998）。ポグンジャリは，再定住の後にもコミュニティ開発を促進させながら，人間的な相互作用のある自助開発型のコミュニティを形成していったのである。

2 地域協同共同体型のコミュニティ開発
：「住民協同共同体実現のための錦湖（クムホ）・杏堂（ヘンダン）・下往（ハウァン）企画団」

韓国の住宅開発事業等における撤去反対運動は，約20年もの歴史を持っている。その過程で亡くなった人だけでも29名を数え（韓国都市研究所, 1998），撤去に抗する運動は抵抗型運動の代表格であるとも言える。その運動の性格は，初期の非組織的な抵抗型から居住の権利を追及する要求型の運動へと次第に変わり，代替的な居住として再開発地区内の公共賃貸住宅建設や工事期間中の臨時居住施設の供給を主張するようになった。しかし，多くの住民はその過程で補償金や移住費を受けた後，地域から去っていった。また一部臨時居住施設にようやく入居できたとしても，運動が力尽きてしまったりする場合もあった。しかし，その中で運動の目標を，居住の権利を守り住民の生活防衛を果たすことに止まらず，生活向上や住み続けられるまちづくりに置き始めたグループが

あった。そのグループは,再開発事業の初期段階からコミュニティ同士の水平的な相互訪問交流・ワークショップ等を実施し,住民による総合的なまちづくりプランを構想し始めたのである(図表10-3参照)。なおそれを実現させる機構として「企画団」を組織し,図表10-3にあるそれぞれの「協同共同体部門(協同分野)」を中心とした自助開発戦略を遂行しながら,地域の空間的・生活環境的な再編に向けて取り組み始めた。それらは,既存の社会の制度的な枠組を変更あるいは活用していた点,また活動内容においても住民自らが持っている

図表10-3　錦湖・杏堂・下往地域マスタープラン実践構想

区分	年度	地域変化	段階	推進内容			
初期	1987～1992	5年日常活動期	センター活動	臨時居住施設で生活する住民(6地区,250世帯)			
第1期	1993		再開発本格化構想	住民参加型共同体方式の住民運動展開			
	1994			対策委から臨時居住団地自治会へと転換			
	1995	・地方自治4代選挙	企画団発足	経済協同分野	生産協同分野	生活協同分野	社会福祉分野
	1996	・第15代総選挙					
	1997	・大統領選挙	準備及び実験期	経済共同体である信用協同組合の設立	協同作業場の運用:縫製等生産協同共同体実験	地域消費者協同組合として生活協同運動を展開	地域住民の教育,社会,文化等を担当する福祉共同体の開発
第2期	1998	・地方自治選挙	住民協同共同体本格化期				
	1999						
	2000	・地方再編(再開発完了)					
	2001	・公共賃貸住宅入居及び生活基盤造成期					
	2002						
第3期	2003	・住民運動の拡大	分野別安定期	I.各分野専門実務力の確立 1)経済協同:協同の哲学+実務力+管理力 2)生産協同:住民の持つ技術の協同化+資本金の形成+販売網構想 3)生活協同:食品,環境等の協同化+農村生産者との出会い+共同購買力の向上 4)社会福祉:社会福祉資格の取得+地方自治体との協力+住民福祉共同体の開発			
	2004	・本格的な地域自治活動の展開					
	2005	・まち共同体の実現					
	2006						
	2007						
	2008						
	2009						
	2010						

出所:ジョン・イルウ(=ジョン・デイリー)・朴在天(1998)

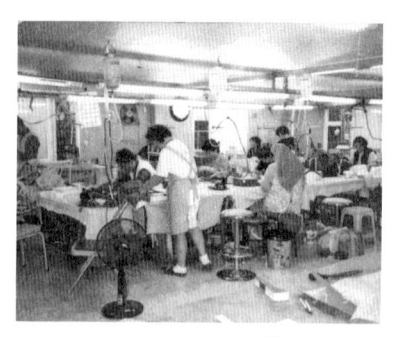

生産協同共同体の作業場　　　　生産協同共同体の教育の場
出所：住民協同共同体実現のための錦湖・杏堂・下往企画団

技術を用いるよう試みながら推進された点に特徴がある。

3　協同組合型のコミュニティ開発：生産協同組合活動

　1990年代に入ってからは，貧困層による自主的な生産協同組合活動が様々な形で本格化する。残念ながらそれらの活動は，概ね失敗に終わることが多かった。しかし諦めずに試行錯誤を繰り返しながら，貧困層の手持ちの技術を生かし，資本主義社会の矛盾を越えたオルタナティブを求めた活動に乗り出して行った。その結果，多くの貧困地域で生産的協働を通じたコミュニティづくりを目指し，住民とコミュニティワーカーとの共同で多様な形の生産協同組合が作られるようになったのである。協同生産方式を目指したこのような流れは，今では引き続き（後述する）「自活後見機関（2007年「地域自活センター」へと名称変更）」による「自活共同体（2012年国民基礎生活保障法改正により「自活企業」へと名称変更）」として制度的にも包摂されるに至っており，貧困層自らによる生産的実験に対する肯定的な評価に止まらず，社会的合意を得ることができたと言っても過言ではない。

6｜参加型のコミュニティ開発の展開

　都市貧困層における上記のようなコミュニティ参加の展開は，今やその一部は脱貧困政策として制度的に包摂され，様々な形で取り組みがなされるようになっている。これらこそ貧困層自らのニーズによって打ち出されたプロセスを

取り入れた対応であり，支援的な政策環境の下で行われる参加型コミュニティ開発の実践例であると言えよう。

1 「自活事業」の推進と「社会的企業（social enterprise）」の本格化

「自活事業」は，既存の生活保護に代わり2000年から施行された「国民基礎生活保障制度」の受給者の中で，勤労能力を持っている人を対象に教育及び勤労活動に参加することを条件に給付を受けられるようにする条件付賦課制度の一環として実施された。「地域自活センター」はそのような「自活事業」を実施する機関として位置付けられるが，保健福祉部が運営費を出して民間に委託・運営させており，その規模は2014年現在全国247か所に達している。[21]「地域自活センター」の役割は，一般の労働市場への就労が困難な貧困層の自立のための「自活勤労」や，「自活企業」起業へのサポート等の実施である。「自活勤労」は，本人の欲求及び勤労能力の度合いにより，「社会的勤労事業」とより一層の経済的自立を目指す「市場型自活勤労事業（アップグレイド型）」とに区分されている。「自活企業」は，貧困層住民の参加に基づき，協同作業チームを結成・運営し自立基盤をつくる組合形態の組織で，自治体が実施する事業の優先的な委託や，自立促進のための各種事業に対するサポートを受けられる仕組になっている。主な事業内容として，修理の必要な低所得層（＝基礎生活保障の受給者）住宅に対する無償修理を行う「家屋修理自活事業」，「生ゴミリサイクル事業」の他，「ホームヘルパー」や「無料看病」等のような「社会的企業」の意味を持つものが挙げられる。その中でも「家屋修理自活事業」は，近年個別の地域での自活企業から広域連携を推進し，ソウル市より広域自活企業として認可を得ると本格的な社会的企業としての法人化を進め，2006年6月に株式会社「社会的企業『タゴン』」（共に生活する共同体，多機能工の意味）として法人設立総会を開くこととなった。

2 社会連帯銀行

社会連帯銀行は，これまで貧困層の自主的な生産協同組合等に対し資金援助を行ってきた「ミョンレバン信用組合」や，バングラデシュのグラミン銀行からアイデアを借り韓国版マイクロクレジットを掲げて活動を始めた「楽しい組合」などの先駆的な事例を引継ぎ2002年に設立された。上記で取り上げた「自活事業」とも緊密な関係を持っており，主として貧困層の創業や自活事業によ

る「自活企業」を支援対象としており，創業資金の貸し出し，教育・訓練，経営・技術サポート等を活動内容としている。社会連帯銀行の役割は，既存の金融機関にアクセスできない貧困層，つまり担保や保証能力を持っていない人々に貸し出しや保証サービスを提供し，労働市場への参加を可能にするよう支援することである。また経済的な収益は少なくても社会的な効用性が高い零細企業のための創業資金を貸し付けて社会的市場を拡大したり，創業資金を貸し付けた後も持続的な事後管理を通じて事業が安定的に定着できるよう支援すること等もその役割のひとつである。社会連帯銀行は，既存の再分配的な貧困アプローチとは異なり，貧困層に対する生産主義的な（productivism）社会的プログラムとして機能していくためのひとつの試みなのである。

7｜排除に抗するための生産主義的な地域再生の戦略に向けて

これまで，アジアの発展途上国におけるコミュニティ参加の概念や実践を検討し，包摂的な地域再生に向けた社会開発戦略に基づき，それらに関係付ける形で韓国の事例について紹介した。概括してみると，Choguillは政府の態度に重点を置いてコミュニティ参加を分析しているが，ソーシャルキャピタル論では，単なる政府の態度のみならず政府とコミュニティとの相互作用（＝シナジー）の重要性を論証している。なおコミュニティにおいても内部の結束だけではなく，接合型ソーシャルキャピタル，つまり異なるグループや政府などとの関係の重要性が指摘されている。本章では先述したコミュニティ参加関連の議論を説明モデルとして用い，それに韓国での諸事例を当ててみることにする。それに伴い，図表10-4の縦軸では政府の態度あるいは介入の向き（貧困コミュニティに対する態度が支援的か，無視や排除的なのか）を，横軸ではコミュニティ同士，またはコミュニティを取り巻くマクロ的な制度環境等へのアクセス等の度合いを示し，以上で取り上げた代表的なコミュニティ参加事例を当ててみた（図表10-4参照）。

先述したように，3象限と4象限に挙げたコミュニティ実践は，現在の1象限で位置付けられているそれぞれのプログラムの形成に多くの影響を与えてきた。しかし，その間には，4象限の段階で数えられないほどの失敗と挫折の経

験が積み重ねられているのは既述のとおりである。本章で取り上げた先進的なコミュニティ実践の形成には支援的な政府の影響も指摘できる。しかし，その背景にはやはりこれまでの貧困コミュニティからの働きかけによる影響があることを見逃してはならない。したがって，1象限の展開には，4象限のコミュニティの持つ経験的・関係的資源が蓄積された結果が反映されており，それに加え，支援的な政府とパートナーシップを組むなど，新たなコミュニティ参加が進められていたことが影響した。2象限の時代は，政権はある意味では支援的であったが，コミュニティ同士の繋がりや政府との関係が一方向的であった。この場合は本章では取り上げなかったものの強権的な政府主導で行われてきた「セマウル運動」が代表的である。しかし，最悪の場合，政府の貧困層に対する無視や排除，さらにはコミュニティ外部の資源や組織とも繋がりを持っていなかった時期には，「阻止・抵抗型」の対応がなされたこともあった。4象限では，政府がコミュニティの自主的な開発について関心を示さず，コミュニティの自主管理によってコミュニティ参加が進められる。この点においても1象限は4象限からの先駆的な影響を受けているのである。

　以上で概観したように，韓国における地域再生に関わるコミュニティ実践は様々な過程を経てきたことがわかる。それは場合によっては政府に対する権利主張という形でそれまで無視され排除されてきた貧困者の声を組織したり，またある時には無能・無関心な政府に代わってコミュニティ実践を通じ開発の主導役を演じてきたこともあった。既に言及したとおり，現在の韓国におけるコミュニティ参加はそのようなコミュニティからの途切れのない挑戦の結果でもある。しかし，経済的には資本のグローバル化が進む中で社会的にも二極化が進められ，路上にはホームレスが増えている。また働いても貧困線の底辺から抜け出せないワーキングプアーもますます都市問題化されてきている。それらの問題は韓国のコミュニティ開発においても新たな挑戦と課題を意味することになる。これまでのコミュニティ開発で蓄積した実践の制度化という異なる政策・制度的な環境の中で，既存の活動理念を保ちつつ，新たな制度的な環境を取り込んでどのようにこれらの問題に取り組んでいけるかが問われている。また，同時に慣習的で伝統的な貧困アプローチとは異なる，新たな理念と実践が求められている。

図表10-4　韓国におけるコミュニティ開発の説明モデル

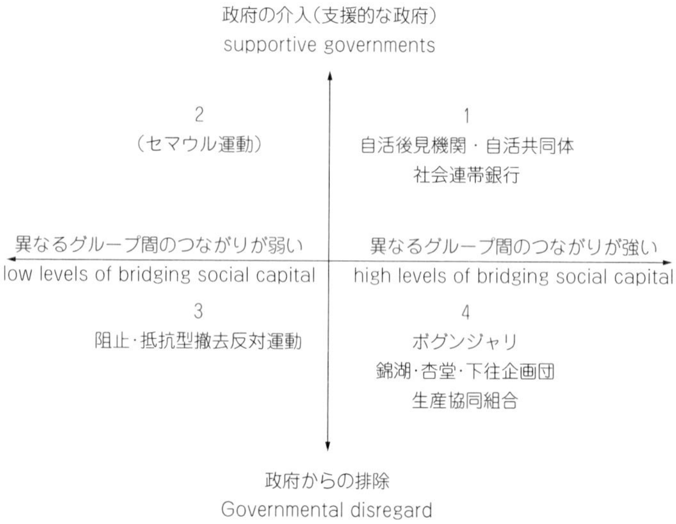

政府の介入（支援的な政府）
supportive governments

2
（セマウル運動）

1
自活後見機関・自活共同体
社会連帯銀行

異なるグループ間のつながりが弱い
low levels of bridging social capital

異なるグループ間のつながりが強い
high levels of bridging social capital

3
阻止・抵抗型撤去反対運動

4
ポグンジャリ
錦湖・杏堂・下往企画団
生産協同組合

政府からの排除
Governmental disregard

〔註〕

1） 例えば、コロンボのシャンティ、バンコクのチャムチョンエアド、スラバヤのカンポン、カルカッタのバスティー、上海の里弄（リーロン）、カラチのカッチアバディ、ブラジルのファベーラ等。

2） 整備対象地区内の権利者である住宅及び土地所有者が組合を構成し、直接住宅再開発事業を行う方式。この事業では事業施行に必要な資金と施工は住宅建設事業者が担当する。組合員は権利者に対する権利変換方式を通じて事業後に住宅（マンション）を提供され、住宅建設事業者は組合員に提供した後の残りの一般世帯分住戸の分譲を通じて資金を回収する。つまり、住民の立場では土地及び建築物の提供で新規住宅を確保することができ、建設会社としては一般分譲を通じて収益性が保障され、当該自治体は財政支援無しに住宅供給と居住環境改善、そして税収拡大等が可能であったのである。

3） 大韓住宅公社によると再開発事業後に元居住者の10～20％のみが再開発後の住宅に再居住し、残りの約80～90％は権利を転売し地域から去って行ったことが報告されている（大韓住宅公社，1993）。一方、最も居住及び生活状況が脆弱であったテナントの人々の戻り居住率は皆無に近かった（ユン・イルソン，2002）ことはその問題の深刻さを物語っている。

4） これまでの再開発事業を始め各種開発事業により犠牲者になったのは29名（死亡者）にも上っている。そのほとんどは暴力を伴った強制的な撤去過程で起きたもので、生後2カ月の子どもから72歳の高齢者までが犠牲になったことが報告されている（韓国都市研究所，1998）。

5） 韓国政府の「国政課題調整会議」に提出された「貧困層集団居住地域支援対策」の文書を参照すると、集団居住地域（無許可・老朽不良住宅密集地、チョッパン密集地域、ビニル

ハウス密集地域，結核・ハンセン病患者定着村）に対し行った実態調査により，当時それらの地域は61，世帯数は14,052，居住者数は30,222人，老朽不良建築物5,317，無許可建築物5,765があると報告されている（大統領諮問貧富格差・差別是正委員会，2005）。しかし，それには考試院や地下住居などの比較的に商業地域あるいは既成市街地にいるが故に目立ちにくい貧困層の居住は含まれておらず，それらを含めると相当数に達していることが予想される。一例で「貧富格差・差別是正委員会」からの委託でソウル都心にある考試院（受験生の宿泊を兼ねた学習施設として設置されたが，次第に住宅を確保できない低所得層の居住空間に転用された。部屋の大きさは1坪〜1.5坪程度）の居住者に対する実態調査を行った聖公会大学校社会福祉研究所（2004）の推算によると，考試院はソウル市で約3,000店，全国では約6,000店あると示されている。マスコミの報道では全国で1万店，利用者は20万〜30万人と推定されることもある。地下住居は，通常の住居の地下空間を居住用に転用したもので，韓国都市研究所（2003b）によるとその数はソウル市内で最低でも25万世帯に達すると推算している。

6） Berghmanは，社会的排除に関し，多次元的で動態的な過程であり他の類似の概念である貧困や剥奪とは区別されるものとして定義している（Berghman, 1995）。その議論によると，既存の「貧困」概念は可処分所得の有無を基準とした概念であり静態的な結果に注目しているもので，その動態的なプロセスが「貧困化（impoverishment）」であるとしている。そして，所得概念だけに拘らず多次元的な指標に着目した「剥奪」という概念が貧困と同様に静態的な結果に注目しているのに対し，「社会的排除」は多次元性に着目しながら動態的なプロセスに注目している（poverty as process）という点で他の諸概念とは区別されると述べている。一方社会的排除を貧困に関する議論の中で「分配的問題」から「関係的問題」への焦点の変化を意味している特徴に注目し，これを「関係的用語（relational terms）」とし（Room, 1995a; 1995b; 1999），公式的な経済，社会，そして制度からの社会的疎外（Somerville, 1998）を指摘する論者もいる。

7） つまり，既存の貧困アプローチにおける所得の再分配策だけでは以上で紹介してきた新たな貧困への対応にならないことが合意されてきているのである。それは例えば，社会的ネットワークによってうまく統合されている人には低所得はそれほど問題ではないかもしれないし，また良い友人のネットワークを持つ低所得年金生活者や，強いエスニック・コミュニティ・ネットワークを持つ失業者は社会的にも排除されておらず，したがって不利益や社会的問題にもなっていないかもしれないのである。

8） Goughらは，それらの戦略に対し国は重い腰を上げるのに時間もかかるし融通もきかないため，介入は国や地方の公的機関，居住者，そしてビジネスの間のローカル・パートナーシップによって行われるべきであるとしながら，地域レヴェルでの介入の重要性について述べている（Gough et al., 2006）。

9） しかし地域による影響には，貧困な地域が規範や，価値，そして行動において「機能不全」に陥っていることが指摘されており，なおかつアンダークラスの概念に強く結びついて使われている場合があることを注意すべきである。例えばアメリカでは，それらに関連した様々な政策が行われており，住宅都市開発省（HUD）による「Moving to Opportunities」というパイロットプロジェクトや，「Section 8」住宅手当を使って140万人の低所得世帯を，ミドルクラス地域や郊外地域へと移り住まわせるプログラムなどが実行された。しかしそれらは，郊外のミドルクラスのライフスタイルは正常なもので，インナーシティやマイノリ

ティのライフスタイルは病理的であるという仮説を含意している（Bauder, 2002: 89）。したがって，「area/neighbourhood effects」という用語の使用に際しては，それが持つ文化的な排除の蓋然性を常に警戒しながら使うべきであり，とりわけ政策決定者やコミュニティワーカー，プランナーは気をつけなければならない。

10) 詳しくは，内田他（1993），内田編（1996），薬袋他（1994），薬袋（1999a; 1999b）を参照されたい。

11) UCDO（CODI）については，内田他（1997）；藤井・安他（2001）；秦（2002）；Somsook（2001）等を参照されたい。

12) 同会が出している「ふるさとの会事業概要」によると年間事業規模は10億9千万円で，社員18名，職員は274名に上っている（2014年4月現在）。

13) Choguillによると，支援的な政府の場合は，「エンパワーメント」，「パートナーシップ」，「温情主義（conciliation）」といった3つの水準のコミュニティ参加が見られ，次にあまり支援的ではない政府の下では操作的な政策環境が形成され，コミュニティには「偽装」，「外交的な手腕」，単なる「情報の提供」のみに止まっている。また貧困者が政府によって根絶されるべき不適当で歓迎されない集団として見なされる際に，政府の反対は恐ろしい「陰謀」として現れる。この場合，住民組織は非合法になりNGOsは歓迎されない。政府が資源や意志さえも持っていない最も極端な場面では，貧困者は自らの現状に対する抵抗としてしばしばNGOsと連携を組み，「自主管理」に出始めるとし，政府とコミュニティとの相互関係に注目して8つのコミュニティ参加のレヴェルについて述べている。

14) **09章註5）** を参照。

15) 「ソーシャルキャピタル」は，社会に存在する「個人や集団間のネットワーク」さらにはそうした社会関係のなかに存在する「信頼」や「規範」といった「目に見えないモノ」に着目し，これらが社会の成長，発展，開発にとって有用な「資本」であるという主張で，90年代以降様々な分野で取り上げられている。一方Midgleyらはコミュニティ開発に必要な物理的な施設の供給のみならず，住民を組織し地域の開発に向けた活動を強化させるリボルビング・コミュニティ・ローンのようなコミュニティの資産（assets）を創り出すなど社会的目的のためのインフラ開発について述べ，ソーシャルキャピタルを，ソーシャル・インフラストラクチャーとして定義している（Midgley and Livermore, 1998）。

16) 「生産的福祉」とはそもそも金泳三政権時代に登場した用語であり，当時の「新福祉構想」の中で経済成長と福祉の調和を強調し，そのための生産的で予防的な福祉が主張された。しかし当時新労使関係の構想が失敗し，かつ経済危機に瀕することとなり実現されずに有名無実化した。その後1998年2月に政権を引き継いだ金大中政権において，経済危機による中間層の崩壊，庶民生活の窮乏と共に，貧富格差の拡大と所得分配構造が歪んだことに対する緊急な国家レヴェルの解決策が求められた。同時に経済危機の克服と社会統合のための新たな経済政策と福祉政策が同時に要求され，それに対応する概念として「生産的福祉」が再び登場してきたのである。その後民主主義・市場経済の確立と共に生産的福祉の確立を3大政策理念として掲げることとなった。これによって効率性と生産性を最大化させる市場経済の発展と国家福祉の制度化，つまり市場と福祉を発展的な観点で連携させる福祉モデルの模索が重要な政策課題となったのである（大統領秘書室QOL向上企画団, 1999；キム・ヨンファ, 2001）。

17) 1967年，ソウル市は当時23万3千棟の無許可不良住宅と約127万人の住民をソウル市の郊

外へ強制移住させる計画を打ち出し，1969年からこれを実行させたため，1971年には移住地であった今の京畿道城南市に当たる「廣州大団地」の人口が20万人に達した。移住当初，上下水道や電気はもちろん宅地さえも整備されておらず，住民の生計対策も何ひとつ整っていない状態で住民の生活は悲惨なものであった。一方他より高く設定された土地の分譲価額や家屋取得税の課税により住民の負担は加重された。政府は住民からの陳情に何の回答もなかった。そんな中住民は「闘争委員会」を構成し，71年8月にはおよそ5万人が集まり集会を開いた。ところが最後までソウル市長との面談が成立せず，激憤した住民は警察署を襲撃するなど暴動を起こした。その後市長が住民の要求条件の受け入れを約束し事態は収まった。この事件で住民と警察およそ100人が怪我をし，住民22人が拘束された。これは初めて都市貧民問題が大きく社会問題として取り上げられた事件であった（韓国都市研究所，1998）。

18) 1980年代後半になるとそれまでの非組織的で単発的な抗議に留まっていたテナントの居住権要求運動が組織的な形で現れるようになる。とりわけ，1987年の「ソウル市撤去民協議会」が組織されたことは，その象徴的な意味を持っており，その時期を結節点としてそれまでの撤去「反対」運動から居住権を「要求」する運動へと運動の質的な転換を見ることになる（金秀顯，1998）。その後1988年後半からは，公共賃貸住宅に対する本格的な要求へと結集し，結局1989年にソウル市が事業地域のテナントの人々へ公共賃貸住宅を事業地区に建設するよう方針を変えるに至ったのである。

19) 当研究所で都市宣教を担当していたパク・ヒョンギュ牧師は当初を振り返りながら次のように述べている。「1968年にアメリカの連合長老教会のG. Toddが私を訪れ都市宣教に対する支援を約束した。彼はその以前よりジョージ・ソン牧師の産業宣教をサポートしていた。彼は超教派的な（ecumenical）組織が望ましいと述べた。それでカトリック教会とキリスト教会が連合し，資金10万ドルとトレーニング担当者を支援してもらい延世大学校内に都市問題研究所を設立した。研究所は研究調査分野と都市宣教（urban mission）分野に分けられた。研究所長にはノ・ジョンヒョン教授，副所長兼トレーニング担当者にはアメリカのH. White牧師が就任した。」（韓国基督教社会問題研究院編，1987）。

20) 一方このようなCOの展開は，韓国だけでなくアジアに渡り様々なCOの理念に基づいたトレーニングプログラムの実施や組織の形成へと繋がった。例えばフィリピンでは，1970年にCO理念の創始者であるS. Alinskyの弟子の一人であったWhite牧師によりCOトレーニングのセンターとしてPECCO（Philippine Ecumenical Committee for Community Organizers）が作られた。White牧師は1968年から1970年まで韓国の「都市問題研究所」のトレーニング担当者として韓国に派遣され，AlinskyのCO論に基づきコミュニティオーガナイザーをトレーニングした後フィリピンに渡った。その後アジアにおけるCOは，1971年に各国のCOの連帯組織としてACPO（Asian Committee for People's Organization）の設立（初代委員長，Dr. Masao Takenaka，前同志社大学神学部教授）へと至る。ACPOのメンバー組織としては，フィリピンのZOTO（Zone One Tondo Organization, 1970），香港のSOCO（Society of Community Organizations, 1971），インドのPROUD（People's Responsible Organization of United Dharavi, 1979），タイのPOP（People's Organization for Participation, 1985）等が挙げられる（Anzorena, 1994, 2004）。その後ACPOは解体したが，CO理念の発展的な継承を掲げ，近年アジアの連帯組織としてLOCOA（Leaders and Organizers of Community Organization）が設立された。現在のCOのトレーニング組織としてはフィリピンのCO-Multiversity（旧，CO-Train），韓国のCONET（Korean Community Organization Information

Network）等が挙げられる（1996年から98年まで，初代目の事務局長を筆者が務めた）。
21）　韓国地域自活センター協会のホームページ（http://www.jahwal.or.kr/）による。

11章 複合的居住支援による居住困窮層支援の新たな方向の模索

1 | 居住困窮層への支援に向けた課題

　本章では，新たに社会的な対応が求められている居住困窮層への「居住及び生活ニーズ」に対し，公助として取り組まれてきた居住関連支援策を紹介する。そして，既存の施設や制度に捉われず，潜在的な居住資源や人材を活かして居住困窮問題に対応してきた，民間の創意工夫による居住支援事業の実践例を比較検討し，包摂的な居住支援モデルの重要性と発展に向けた課題を考えてみることにしたい。2011年に発生した東日本大震災は，多くの死者や行方不明者を出し，生活基盤に壊滅的な被害をもたらした。原発事故による多くの県外避難者は，今もなお生まれ育った故郷に戻れない生活を余儀なくされている。しかしそのような自然災害は，とりわけ社会的弱者と言われる高齢・障がい者，そして，外国籍住民など，普段社会的不利を被りがちな人々により大きな打撃を与えている。震災以前，それらの人々は，社会的な支えによって生活自立や社会参加の基盤を形成し，社会との関係性を維持していた。しかし，災害によってそのような社会資源さえも甚大な被害にあい，いまだに復興への目途が立っていない。住宅面を見ると，公営住宅の建設が進んではいるものの，被災者を始め，様々な社会的ニーズを抱えているヴァルナブルな社会的弱者層にとって，単体としての住宅（House）のデリバリーだけでは，彼ら／彼女らの多種多様な生活ニーズに応ずることが難しい。そこで注目したいのが，欧米社会を中心に，1970年代以降，福祉国家の停滞や市場の失敗によりもたらされた新たな社会問題に対応してきた「社会的経済部門」による社会サービスのデリバリーである。これは国家と市場との中間領域に位置し，行政主導によるサービスデリバリーの補完的な役割，もしくは後方支援型の行政システムによる官

民協同のモデルとして効果を挙げている点が注目に値する。事業の受け皿としての代表的な組織形態として，社会的企業，協同組合，NPO等を挙げることができる。近年欧米社会では，居住支援に関する直接供給から退き，後方支援かつコーディネート的な役割にシフトしている。そのような流れの上に創り出されたアプローチとして，サービス付き住宅(Supported Housing，以下SH)や「ハウジング・ファースト（Housing First，以下HF)・アプローチ」が知られている。本章では，ヴァルナブルな社会階層である居住困窮層を対象に，とりわけ居住支援事業を展開するNPO等社会経済部門に属する各団体の活動内容を紹介すると共に，複合的な居住及び社会的ニーズへの対応に向けた当該事業の有効性や，団体としての自立経営の継続性を支え，かつ拡大発展させるための課題を考えることとしたい。

2 | 居住困窮状態の捉え方：支援の対象としての居住困窮層とは

日本で代表的な居住困窮層として挙げられるホームレスの人々とは，2002年に成立した「ホームレスの自立の支援等に関する特別措置法」の第2条の定義によると，公園や河川等公共の場での生活を余儀なくされている人々を指している。ホームレス問題に取り組むヨーロッパ連盟（the European Federation of National Organizations working with the Homeless，以下FEANTSA）の定義を用いると，図表11-1のカテゴリに対応するだけの非常に狭義の定義となる。しかし以下で示す広義の概念は，ホームレスを始めとする居住困窮者への支援策を考える際に非常に有効である。というのは，ホームレス問題への対応は，結果としてのホームレス状態のみならず，それに至るまでの居住困窮化（＝社会的排除）のプロセスに対応しないとならないためである。その意味で，FEANTSAによる定義は多くの示唆点を与えてくれる。

3 | 社会的排除と居住貧困との結びつき
：住宅政策から居住福祉政策へのパラダイムシフト

上記に挙げた広義の定義のアプローチを用いて居住貧困問題を考えると，居住困窮状態に至るまでの様々なメカニズムを確認することができる（**04章**の図

図表11-1 広義の居住困窮状態の概念カテゴリー

		概念カテゴリー	物的ドメイン	法的ドメイン	社会的ドメイン
Homelessness	1	野宿状態（Rooflessness）	住居無	占有権なし	社会関係形成のための私的なスペース無
	2	家のない状態（Houselessness）	居住に適した空間有	占有権なし	社会関係形成のための安全で私的なスペース無
Housing exclusion	3	不安定・不適切な住居	生活空間有（不安定で不適切な住環境）	占有の保障	社会関係形成のためのスペース有
	4	合法的な居住，不適切な住居での社会的孤立	不適切な住居（劣悪な居住環境）	合法・占有の保障有	社会関係を成し得る安全で私的なスペース無
	5	不適切住居（占有の安定性）	不適切な住居（劣悪な居住環境）	合法・占有の保障有	社会関係形成のためのスペース有
	6	不安定住居（適切住居）	生活空間有	占有の保障無	社会関係形成のためのスペース有
	7	安定的で適切な居住状態での社会的孤立	生活空間有	合法・占有の保障有	社会関係形成のためのスペース無

出所：Edgar et al.（2004）

表4-3参照）。

　ここからは，居住困窮問題に対応するためには，結果としての住まいの貧困問題のみに安直に対応するのではなく，就労や健康・衛生等の生活を取り巻くより包括的な切り口からのアプローチが求められることを読み取ることができる。

1 伝統的な住宅政策の類型

　さて，上記のような居住貧困に至るまでの複合的なメカニズムを念頭において，実際に居住困窮問題に対応してきた行政施策について調べてみよう。

　行政により主導してきた住宅政策には，まず「対物」と「対人」という2つの類型に区分できる（図表11-2参照）。対物政策では，さらに賃貸住宅政策と持ち家住宅政策とに分けられ，それぞれの対象階層に対し，住宅という建物の整備に公的資金を投入してニーズの充足に対応してきた。一方，対人政策は，

図表11-2 伝統的な住宅政策の類型

<table>
<tr><td rowspan="10">対物政策</td><td colspan="2">Ⅰ 伝統的な住宅政策</td><td colspan="2"></td></tr>
<tr><td rowspan="2">(1) 賃貸住宅政策</td><td colspan="2">①公的賃貸住宅の供給
②公的および民間賃貸住宅建築の融資の補填（利子補給）
③家賃統制
④住宅手当制度
⑤その他</td></tr>
<tr><td></td><td></td></tr>
<tr><td rowspan="4">(2) 持ち家住宅政策</td><td>①住宅融資の助成と規制</td><td>・公的資金の融資
・利子補給（個人の住宅ローン／建設業者）
・融資期間の長期化（二世帯ローン等）
・住宅ローン保険の普及、住宅抵当証券の発行による資金利用の効率化およびその規制</td></tr>
<tr><td>②住宅減税政策</td><td>・住宅頭金の段階での減税
・住宅取得段階での減税
・住宅ローン返済段階での減税</td></tr>
<tr><td colspan="2">③公的な分譲住宅の供給</td></tr>
<tr><td colspan="2">④その他</td></tr>
<tr><td colspan="3">Ⅱ 宅地政策</td></tr>
<tr><td colspan="3">Ⅲ 都市計画と住環境政策</td></tr>
<tr><td colspan="3">対人政策</td><td>住宅単給
ハウジング・バウチャー・家賃補助</td></tr>
</table>

住宅政策の対象階層に対し、物（住宅）ではなく、住宅市場でニーズ（居住の消費）を解決できるための居住費相当額の支援を施すという政策手法である。しかし、1968年には住宅総数が総世帯数を越え、戦後の住宅不足問題への課題が一段落すると、対物政策に関しては、災害時等、特別なニーズへの対応が求められる事案が生じない限り、市場に任せる形で公的施策を縮小してきたのが現状である。

2 居住福祉政策の提唱：住居は生活の基盤、健康・発達・福祉の基礎

　右の図は、住宅、つまり住まいが全ての人間の幸福の達成に対し基盤となるということを表したものである。これは日本居住福祉学会会長で神戸大学名誉教授の早川和男氏が作成した居住福祉の概念図（図表11-3参照）であるが、ここからは人間の福祉の向上を支えるあらゆる社会システムの充実が住まいの安定にかかわっているというメッセージを読み取ることができよう。

図表11-3　居住福祉の概念図

住居は生活の基盤，健康・発達・福祉の基礎

出産　失業　疾病　障害　高齢

出産・児童手当　雇用保険　労働災害保険　医療保険　老齢年金
出産・育児休暇　母子年金　障害年金　遺族年金　介護休暇
保父母　保健婦　医師　看護婦　生活保護
保育所　養護施設　理学療法士・作業療法士　ヘルパー　ソーシャルワーカー　移送サービス
保健所　診療所・病院　障害(児)者施設　デイサービスセンター　老人ホーム
リハビリテーションセンター　老人保健施設

生活環境

住宅

4 | 複合的な居住支援に関する欧米モデルの紹介

　これまで，ホームレスなど居住困窮層に対する国家による伝統的な福祉サービスの割り当てでは，規則に縛られた集団的な施設への収容や自立の強調，そして臨時的で緊急保護的なサービスの供給が強調されてきたが，その機能と有効性は評価の分かれるところである。このような問題を先に経験してきた欧米

では，ホームレス問題に対する直接的なサービスの供給から国家が撤退し，それに代わる国家の政策方針として，後方支援的かつコーディネート的な役割にシフトしてきた (Edgar, et. al, 2000)。そのような流れの上に創り出されたアプローチとして，SHとHFアプローチが知られている。

　日本では，2002年8月に制定された「ホームレスの自立の支援等に関する特別措置法」を皮切りに，ホームレス自立支援事業が全国的に展開されるようになった。自治体独自の事業としては，東京都が2004年より都区共同事業として「ホームレス地域生活移行支援事業」を開始し，借上げた住居を路上生活者に低額の家賃で原則2年間貸し付け，生活支援を行う事業が試みられてきた。この事業は，施設への入所を経ずに，路上からアパートへの即入居を支援し生活サポートも同時に実施するという面で革新的で，支援者や研究者の間ではその有効性が期待された一方で，様々な議論[1]が成されてきた（新宿ホームレス支援機構, 2005a/b; 中島, 2006）。

　ヨーロッパでは，社会的排除アプローチが社会政策と都市政策分野において注目を集めてきた。その概念の特徴は，既存の貨幣中心的な貧困概念に比べ，貧困化を伴うメカニズムの「多次元性」と「動態的なプロセス」に注目している点 (Berghman, 1995) にある。貧困への対応も「分配的問題」から「関係的問題」へと焦点が変化(from a distributional to a relational focus)している点 (Room, 1995a; 1995b; 1999) も特徴的である。つまり，所得や資産の有無という結果論的な状態によって貧困の如何を判定するのではなく，個人や集団が公式的な社会の組織や制度への参加から閉ざされていくプロセスに焦点が移りつつある (Somerville, 1998)。したがって，これに対する政策対応としては，排除されている個人や集団に変化を求めるのではなく，それらの個人や集団がより参加しやすくなるよう，関連制度やプロセスの変化を促すことが前提となるべきであると主張されている (Percy-smith, 2000)。

　では，このような社会的排除アプローチを居住問題に結び付けて考えてみるとき，どのような側面を考慮すべきであろうか。そしてそれに関連した対応はどのような形で行われるべきであろうか。これらの問題を解いていくために，ここではホームレスの人々のような居住困窮層の住まいに対応した欧米のアプローチを検討してみることにしたい。

先述したように，欧米では国家の役割変化と並行する福祉サービスのオルタナティブ的なプロバイダーとして，市民の中からボランタリーなNPOsが登場し，より包括的かつ多次元的な支援アプローチを試みてきた。とりわけ，ホームレス支援に関連してはここ15～20年間にわたり登場した「ＳＨ」と「ＨＦ」が注目される。

1 「サービス付き住宅（SH）」という実践

　ＳＨは，ホームレスの人々への社会的排除をなくすため考案された数多くの政策対応のひとつである。そこでは，できるだけ自らの生活環境を自らがコントロールするためにエンパワーメントすること，住環境のノーマライゼーションや自立生活の多様性を認めること等がうたわれている（Edgar et al., 2000）。

　このＳＨは，支援サービスの目的，個人のニーズとホームレス化の経路にしたがって，以下のような4つのシナリオが想定されている。

　シナリオAでは，利用者が可能な限り自立した生活を送れるような形で恒久的な住まいとサービスが計画・提供される。すなわち特定の目的を持ったサービス付き施設や住宅で，そこに居住するためには，それらの支援サービスを受けることが条件となる。

　シナリオBは，一時的な支援サービスを必要としている人々に当てはまる。住宅は恒久的であり，そこに居住する際は必ずしも支援サービスに応じることが前提とされてはいない。必要な場合は「在宅支援サービス（support in housing）」が提供される。

　シナリオCは，恒久的な支援サービスが求められ，施設からコミュニティベースのケアサービスへと転換していくことを意味する。施設から脱却した後，支援付き宿所や移行期宿所等が提供され，アセスメントが施される。これはしばしば「ケアの継続（continuum of care）」に関連している。

　シナリオDは，短期的な宿所と支援サービスが必要な状態である。例えば，若者の場合，自立した生活を送るために必要な生活スキルを獲得する間，臨時的な支援サービス等が必要となってくることもある。また個人的な危機状況（家族関係の崩壊，あるいは青少年の妊娠，ＤＶ，ドラッグ等）に対応するため必要な場合もある（Edgar et al., 2000）。

図表11-4　サービス付き住宅における4つのシナリオ

	供給目的			
	A	B	C	D
住　宅	恒久	恒久	移行	移行
支援サービス	恒久	移行	恒久	移行

出所：Edgar et al. (2000: 72)

2 施設優先主義への挑戦：ハウジング・ファーストアプローチ

　以上，ＳＨに関連しては，ひとつの固定した施設の枠に当事者のニーズを閉じ込めるのではなく，当事者のニーズに合わせて様々な形で支援できるようシナリオが用意されている。アメリカの場合，1990年代以来，ホームレス対策を「ケアの継続」モデル（"Continuum of Care" model）に基づいて行ってきた。これは行政施策的な性格が強く，ホームレス生活の防止，アウトリーチ活動，緊急シェルター，通過施設，支援サービス，恒久住宅から構成される，一連の相互連続的なサービスからなるプログラムである。これに対し，HFは，民間のホームレス支援団体により主唱され，本格的に展開することとなったプログラムである。Kertsezらによると，ＨＦとは1999年に「ホームレス状態をなくす全米連合」（National Alliance to End Homelessness, NAEH）によって初めて使われた表現であると言う。具体的にはアウトリーチ活動を通じて接触できた慢性的なホームレス個人を対象に，如何なるサービスの受入をも求めずにまず住宅への移行を支援し，その後も定期的な訪問相談を行っている（Kertsez et al., 2009）。マール（2004）はロサンゼルス市の例を挙げ，民間団体の「ビヨンド・シェルター（Beyond Shelter）」の活動を紹介している。それによると，この活動の中でホームレス生活者は緊急シェルターや通過施設を経由せずに直接「支援サービス付き恒久住宅」に入居する。それは，住宅を最優先に考えることが当事者の自己尊厳を取り戻し，自立を達成する上で有効であると考えるからである。ＨＦは居住とサービスを一体化した複合的な支援モデルであるため，入居後のアフターケアの実施によっては一定の成果が上がっている，という報告もある（Tsemberis et al., 2004）。

　以上のような特徴を持つＨＦとこれまでの伝統的な支援アプローチである「ケアの継続」アプローチとの最も大きな違いは，恒久住宅を優先すべきもの

図表11-5 「ハウジング・ファースト」アプローチ

	居住支援のタイプ	支援サービス	支援対象者の類型	薬物関連対策
Housing First アプローチ	恒久的な住宅を活用。供給される住宅はプログラムによって変る（共同居住、混住、民間住宅市場）	アセスメント、住宅管理支援、様々なレベルの支援サービス、事例管理、場合によってはオンサイトで医療やメンタルケアを実施	深刻な精神疾患を持つ慢性的なホームレス、疾患や薬物経験を持つ者	薬物関連サービスが提供 抑制や治療プログラムへの参加は求められない
伝統的な支援アプローチ (Linear aproach)	治療や中毒安定化プログラムを持続的に行う緊急保護シェルター、トランジショナル・ハウジング、恒久の支援付き住宅、グループホーム、あるいは戸建て	状況によって異なるが、薬物、あるいは心理治療が求められる	文字通りホームレス、薬物問題を兼ねているか、あるいは精神疾患を抱えている場合が典型的	抑制や治療プログラムへの参加が求められ、治療の一部として実施

出所：Kertesz et al.（2009）を再構成

として据えているか，あるいはそれをゴールとして捉えているかにある。その他，HFでは入居後に治療プログラム等への参加が強要されないことも特徴と言えよう。

5 | 複合的な居住支援の実践

1 民間による居住支援

以上で紹介したような複合的な居住支援の代表的な実践例として，欧米では住宅協会（Housing Association）とフォーヤー（Foyers）（図表11-6参照），そしてコミュニティ開発会社（Community Development Corporation, CDC）を取り上げることができる。各々の関連事例については日本でも多く紹介されており，本稿では紙幅の関係で割愛する。ただ，それらの実践の共通項として指摘しておきたい点は，先述したような居住者のニーズの多様化に対応すべく，支援の方法に関しても居住支援から健康・衛生・就労及び生活支援にわたる幅広い支

図表11-6　フォーヤーによるサービスデリバリー

サービス分類	サービス内容
一時宿泊施設の供給	1〜2年間の宿泊施設の提供，単身者用・家族用，車椅子対応など部屋タイプは多様
職業あっせんサービス，進学情報の提供	就職相談，就職先の紹介，面接への同行など
子育て支援サービス	保育サービス，母親教室など
職業訓練	面接練習，履歴書の書き方，コミュニケーションの練習，ワープロ・パソコン技能訓練など
教育的活動	料理講習，生活習慣の体得，財産管理の学習，基礎学習指導，進路相談，レクリエーション，ボランティア活動など

出所：堀田（2005）を再構成

援メニューが揃えられており，なおかつ一部の例においては，老朽化した市街地のホテルやビル等を買い取る等で既存ストックの有効活用という点で実践的な対応がなされていることである。

2　日本における先進的な実践例

：「釜ヶ崎のまち再生フォーラム」とサポーティブハウス（大阪）

「まち再生フォーラム」は，ますます深刻になっている大阪のホームレス問題に対し，施設収容ではない在宅型支援を推し進め，居住を安定させると共に，馴染んでいる地域で自立的な生活を営めるよう支援することを目的としている。これは，経済不況による仕事の減少と日雇労働者の高齢化によるホームレスの増加という危機的な地域の状況で，本拠地としている釜ヶ崎地域の地域包括的な再生を視野に据えたまちづくり運動として，1999年より活動を開始した。「まち再生フォーラム」を構成しているのは，日雇労働者の権益擁護団体，ＮＰＯ，町会，簡易宿泊所組合など地域内の各団体に所属している人々で，そこに多くのボランティアが加わり，開かれた市民運動としての活動を展開している。

「まち再生フォーラム」では，シェルターへの収容中心型ではなく，生活に馴染んでいる現在の地域を居住地として，居住者の自立が図られるように工夫された活動を展開しており，簡易宿泊所の改造による福祉アパートや，それを通じた居住安定化を進めている。また，日雇職の供給機能の崩壊と高齢化とい

図表11-7　サポーティブハウスによる実践

出所：同フォーラムのホームページ（http://www.kamagasaki-forum.com/ja/index.html）

う状況に対応した新たなシステムを導入し，地域全体を再生させ，路上にいる人々が釜ヶ崎地域を定住の場として認識できるよう支援している。つまり，地域資源を掘り出し，地域に基づいた自立支援事業を中心軸に置いて活動しているのである。これまでの実施状況を簡単に紹介すると，2000年以降には，簡易宿泊所を部分的に改造した「サポーティブハウス」という新たな類型の住居7軒が開所し，現在すべて満室状態である。これらの住居の目的は，高齢のホームレスが居宅保護へと容易に移行できるよう支援し，再び野宿に至らないよう，福祉的自立と健康な生活を送れるよう支援する点にある。その他にも，地域にある様々な社会サービス支援機関との連携の下で，地域福祉ネットワークを推進している（図表11-7参照）。

このような取り組みは東京でも実践されている。「ふるさとの会」は，東京の山谷地域を中心として活動しており，木造アパートを改・補修してホームレ

ス居住支援の拠点とし，「まち再生フォーラム」と同様，地域全体に視野を張り巡らせた活動を展開している（活動の概要については10章3参照）。

6 | 日韓における居住困窮層支援施策の比較：人的保護施策から地理的・面的な居住支援（居住＋サービスの複合化モデル）の拡大へ

図表11-8は日韓における代表的な居住困窮層とも言えるホームレス支援に関連した，行政施策の展開を比較したものである。この表からは，両国の施策展開の背景には若干の違いが見られるものの，時系列的にみると類似した施策がほぼ並行して進められてきたことがわかる。また，当初は対象者への対応に終始していたが，次第に物（施設）や地域への対応も視野に入れたより包括的な支援の施策へと変化してきたことも読み取ることができよう。

以下では，日韓両国における居住困窮層関連支援施設の概要及び民間の関連対応について，具体的な実践例を取り上げながら紹介してみよう。

1 日本の居住困窮層支援に関わる生活施設

図表11-9は，居住困窮状態に置かれている人々が利用できる福祉施設の一覧である。社会福祉法や生活保護法，そしてホームレスの自立の支援等に関する特別措置法等，根拠となる法律が各々異なっているものの，住まいを失ったり，緊急保護を必要とする場合に利用可能な施設として，運用においては制度横断的なものもある。2011年現在，生活保護施設としては，保護施設19,342（救護施設16,824，更生施設1,651，宿所提供428），児童福祉法による母子生活支援施設10,042，老人福祉法の養護老人ホーム56,381，売春防止法の婦人保護施設411，社会福祉法による宿所提供施設が8,027あり，これらの施設が居住困窮層の生活支援施設として設置されている[2]。その他，ホームレス支援関連では，2002年のホームレス自立支援法施行以後，各自治体の実施計画に基づいて予算化及び運営されており，上記施設に比べ，就労支援をより重視している。

2 韓国における先進的な実践例

以下では，日本と時期をほぼ同じくしてホームレス問題への対応を行ってきた，韓国のホームレス及び居住困窮層支援に関わる行政施策，そして民間支援活動の概要を紹介する[3]。

まず，韓国のホームレス支援活動において欠かすことができない存在とし

図表11-8　日韓における居住困窮層支援策の展開

日　本	韓国（ソウル市）
◆1998年11月　小渕内閣総理大臣が大阪市を視察 ◆1999年2月　「ホームレス問題連絡会議」の発足（関係省庁，関係自治体で構成） 　　5月　「ホームレス問題に対する当面の対応策」の公表 　　7月　「ホームレスの自立の支援方策に関する研究会」発足 ◆2000年3月　「ホームレスの自立の支援方策について」公表 ◆2001年11月　与党三党による「ホームレス問題に関するワーキングチーム」の設置 ◆2002年7月　「ホームレスの自立の支援等に関する特別措置法案」の可決・成立，施行（同年8月） ◆2003年3月　「ホームレスの実態に関する全国調査」 　　7月　「ホームレスの自立の支援等に関する基本方針」の策定・告示 ◆2004年　東京都「ホームレス地域生活移行支援事業」開始 ◆2007年4月　「ホームレスの実態に関する全国調査」（07年調査）結果公表 ◆2008年4月　「ホームレスの実態に関する全国調査」（08年調査）の結果公表，同年7月「基本方針」の見直し 　※「民間賃貸住宅など社会資源を有効活用した支援の実施」 ◆2009年3月　「ホームレスの実態に関する全国調査」（09年調査）結果公表（全国1.6％減少） 　　4月　「経済危機対策」が決定（政府・与党会議，経済対策閣僚会議合同会議） 　　→第2のセーフティネットとしての「住宅手当」の新設，既存建築物の借上げ方式による緊急一時宿泊施設の増設	◆1998年1月～6月：応急保護事業の模索期 　1998年初めにソウル駅周辺に野宿者が急増 　同年4月17日　保健福祉部が「庶民生計安定対策」を発表（「大都市野宿者特別保護事業」を含む失業対策目的予備費200億ウォンを策定） 　同年6月9日　市長方針第728号「関連施設への強制的入所」：不浪人取り締まり策と同様の考え方 ◆1998年～1999年：本格的な応急保護事業の拡大と定着 　1998年9月10日　「ソウル市野宿者タシソギ（立ち直り）プログラム推進計画」の確定，同15日「野宿者タシソギ支援センター」の設立，12月末までに103ヶ所に3,000名が入所できる野宿者シェルター（希望の家）を設立 　1999年1月　「自由の家」が開所（当初予想（300名）を超える入所者（1,400名）が入所） ◆2000年：野宿者再活及び自活支援事業の推進期 　2000年：自活支援事業の試み（就労斡旋，職業訓練等） 　　3月　チョッパン密集地域に相談所を設置 　　4月　「森の手入れ事業」に野宿者を派遣（自由の家の職員が直接派遣・管理） ◆2001年：野宿者支援事業の定着と多元的な対策の模索期 　野宿者施設69ヶ所：施設保護の他に現場保護システムの定着 ◆2003年：ホームレス保護の制度化：社会福祉事業法等 ◆2005年：ホームレス支援事業の地方化 ◆2007年：単身者買上賃貸等居住支援の本格化 ◆2009年：チョッパン・ビニルハウス居住世帯への買上賃貸住宅の供給 ◆2011年：「ホームレス福祉法」制定

図表11-9 居住困窮層が利用できる居住(生活)施設

領　域	施設種別	概　　要	根拠法規	利用可能世帯
婦人保護	婦人保護施設	要保護女子を入所させて保護する施設(DV防止法に基づくDV被害者の保護を行う施設もある)。	売春防止法, DV防止法	女性単身, 母子
母子福祉	母子生活支援施設	配偶者のない女子又はこれに順ずる事情にある女子及びその者の監護すべき児童を入所させて、これらの者を保護するとともに、これらの者の自立の促進のためにその生活を支援する施設。	改正児童福祉法	母子
児童福祉	自立援助ホーム	児童養護施設の退所児童等で、義務教育終了後就職した児童に対して、共同生活を営む住居において相談その他の日常生活上の援助及び生活指導を行うこと等により、児童の社会的自立と豊かな人間性の形成に寄与する施設。		単身
高齢者福祉	養護老人ホーム	65歳以上の者で、身体上若しくは精神上又は環境上の理由及び経済的理由により居宅において養護を受けることが困難なものを入所させ、養護する施設。	老人福祉法	単身
生活保護・低所得者福祉	救護施設	身体上又は精神上著しい障害があるために日常生活を営むことが困難な要保護者を入所させて、生活扶助を行う施設。	生活保護法	単身
	更生施設	身体上又は精神上の理由により養護及び生活指導を必要とする要保護者を入所させて、生活扶助を行う施設。		単身
	宿所提供施設	住居のない保護者の世帯に対して、住宅扶助を行う施設。		単身, 家族世帯
	宿泊所	生活困難者のために無料又は低額な料金で貸付する簡易住宅、又は宿泊所その他の施設。	社会福祉法	単身, 家族世帯
ホームレス支援事業	シェルター・自立支援センター	2002年のホームレス自立支援法施行以後に、各自治体の実施計画に基づいて予算化され運営されているホームレス支援のための施設。	ホームレス自立支援法	単身
民間の施設・住宅	自立支援ホーム			単身

出所:一般財団法人厚生労働統計協会(2013), 全他(2010), 川原(2008)を再構成

て,「ソウル市露宿人タシソギ支援センター」を取り上げる。1998年9月,ソウル市よりソウル市野宿者支援事業の委託を受け「野宿者タシソギ支援センター」が設立され,ホームレス支援に着手した。2005年には,相談保護センター（ドロップインセンター[4]）を開所し,「タシソギ相談保護センター」として再編・運営してきた。その後,2011年に成立した「ホームレス福祉法[5]」の下,「ホームレス総合相談センター」へと改編され,より中枢的な役割を担うことになった。同センターが行っている活動内容を紹介すると以下のようなものがある。ソウル市の野宿者保護及び自立支援事業の実施,野宿者実態調査,関連データの構築及び分析・研究,ソウル駅無料診療所の設置及び路上診療活動,相談所の運営（ソウル駅と永登浦駅（ヨンドゥンポ））,野宿者対象の人文学講座運営,昼夜アウトリーチ,その他,買上賃貸住宅事業を始めとする社会的企業支援等多岐にわたる活動領域をカバーしており,複合的な支援機構としての機能を果たしていることが見て取れる。

　次に,行政による複合的な居住支援策として行われている買上賃貸住宅事業（以下,買い上げ事業）について紹介する。

　図表11-10は,買い上げ事業の概要を示したものである。本事業の特筆すべき点は,都心内の民間ストック（小規模集合住宅）を買い上げ,公共賃貸住宅として供給している点である。2004年の「国民賃貸住宅建設等に関する特別措置法」に基づき,ソウル市内でモデル事業として開始され,2005年以降,全国に拡大した。当初は2008年までに合計1万戸を供給する計画であったが,2007年より供給目標を年6,500戸へと上方修正した。入居対象は,簡易宿泊所（チョッパン）,スクォッター（ビニルハウス）居住者,ホームレスシェルター退所者等である。もう少し詳しく事業の特徴について見てみよう。

　第一に,公共賃貸住宅供給方式の多元化である。従来の建設供給方式に加え,買上方式も実施した点は特筆すべきことと思われる。第二に,低所得層の集住によるスラム化のおそれを回避することができる点である。これまでの公共賃貸住宅は大規模の団地型であることが多く,貧困の集中による様々な問題点が指摘されてきた。買い上げ方式は,既成市街地に散在する民間のストックを活かす形で居住困窮層の居住ニーズに応えることができ,地域に密着した形でソーシャルミックスが図られるという点でも高い評価を得ている。第三に,

図表11-10　買上賃貸住宅事業の概念図

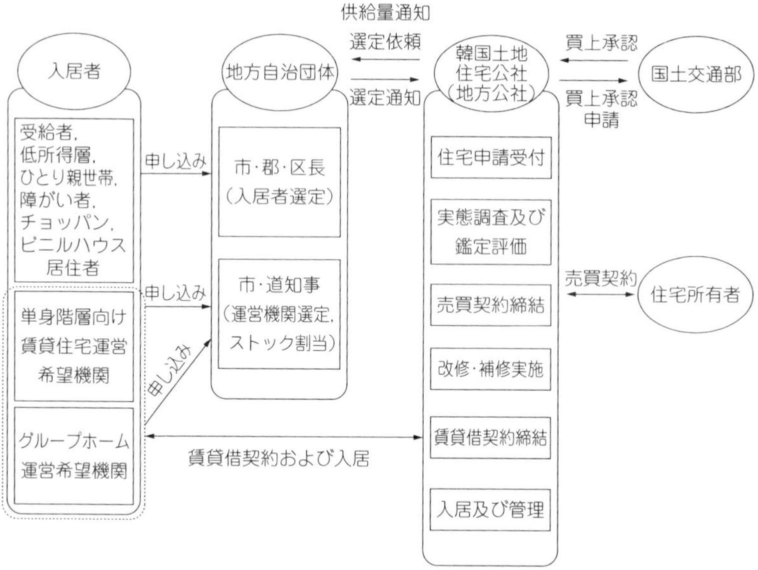

出所：『2007年居住福祉事業案内』，建設交通部（現在，国土交通部）及び『賃貸住宅運営機関実務教材』，居住福祉財団（2008）より再構成

寄り添い型のサービス付き複合的居住支援が行われている点である。行政のみに頼ることなく，民間資源連携を通じた社会サービスの供給手段として，住宅の運営・管理に関しては，「居住福祉財団」によって選定された民間の運営委託機関が，寄り添い型の居住サービスを実施しているのである。第四に，ホームレスなど居住困窮層を対象とした生活施設が短期間の居住しか認めていなかったのに対し，買い上げ住宅の場合，一定程度の生活自立が見込まれる居住困窮者に対し，長期的な居住期間（最長10年）を設定しており，継続的な生活安定や向上を支援している点である。最後に，安定した住まいからの排除という居住困窮状況から脱するための手法として，とりわけ官民協同のパートナーシップによる制度運用を実施している点である。これは，包摂的な制度運用のためにも大いに参考にすべきことと思われる。つまり，住宅の供給は国がまかない，住宅管理及びサービス支援は民間の運営委託機関が担当するという仕組みになっている。

次に，社会的企業としての居住福祉実践の例について紹介しよう。韓国では社会的企業育成法という法制度が成立しており，低所得層の就労支援や社会サービス供給において大きな役割を果たしている。1997年までの自主的な脱貧困運動を背景として，経済危機をきっかけに失業克服運動へと活動が発展した。制度基盤の成立には，2000年に施行された「国民基礎生活保障法」の影響が大きい。同制度の中に位置づけられた自活支援事業が開始され，「自活後見機関」(2007年より「地域自活センター」へ名称変更，2014年現在247ヶ所)が全国的に展開されるに伴い，低所得層の創業件数が増えた。これを支える制度として2007年に施行されたのが「社会的企業育成法」であった。

　以上のような制度的な基盤を背景に始まった新しい取り組みが，「居住福祉協会」による居住福祉実践の社会的企業化である。これは，老朽住宅の修繕事業をビジネス化したものである。㈳韓国居住福祉協会は，低所得層の居住福祉の向上と雇用創出支援に携わる全国の住宅改修「自活企業」の連合体として，2005年2月に「自活住宅修繕事業団」(現，居住福祉事業団)を中心に協会を構成し，活動を展開している(84会員団体)。事業規模を見ると，現物給付関連事業が年間約300億ウォン(約20億円)規模の売り上げ，企業のＣＳＲによる低所得層住宅改修支援事業が30億ウォン(2011年)である。協会所属会員団体の年間売上平均は約3億ウォン(84団体で200～300億ウォン)となっている。同協会の年間事業予算は10億ウォンである。

　最後に，住宅困窮層支援の社会的企業である居住福祉センターを紹介しよう。2007年より「社会福祉共同募金会」による助成を受け，地域別担当組織を設置し運営を開始したのが始まりである。2013年現在全国に15のセンターが協議体を組織して運営中である。主要事業を紹介すると，居住困窮層を対象とした相談事業をはじめ，家賃滞納による立ち退き危機に瀕している世帯への支援，無償家屋修理事業等をあげることができる。これらを通じて，最低居住水準未満世帯の居住水準の向上にかかわる支援，住宅喪失危機の克服，公共賃貸住宅への入居支援等を展開してきた。

7 | 居住支援型社会的企業の新たな挑戦を展望する

1 社会資源としての空家の活用

　冒頭で述べたように，近年新たに住宅を必要としている新規住宅へのニーズを持つ階層として，被災者を始め，高齢単身及び夫婦世帯，障がい者世帯，さらには脱野宿や，刑務所から出所した者，社会的入院患者，支援を要する若者等，実に様々な居住弱者の存在が浮かび上がっている。中でも自然災害に関する居住弱者に関しては，復興住宅や仮住まいとしての借上げアパートなどが活用されているものの，必ずしも当事者のニーズにマッチングしているとも限らないことが多々指摘されている。これらの住宅ニーズ階層には，住宅というハードの基盤の上に，さらに社会関係及び社会参加を手助けする居住支援のメニューが必要なためである。欧米では，施設等に依存せずにハウジングを第一にした取り組みに加え，社会サービスを付随した住宅（サポーティブハウジング）の取り組みが行われ，一定程度の社会的経験や成果の蓄積，そしてその効果に関する客観的な検証の段階をも経ている例が報告されている。なお，日本に限って言えば，上記のような様々な住宅ニーズ階層が存在する一方，全国で未使用住宅の存在が目立つ。2008年の住宅・土地統計調査によると，全国で空家率が13％に上ることが報告されている。その内，居住に適しているにもかかわらず未利用の住宅が60％にも上る。

　ヴァルナブルな生活環境にいる居住弱者層の多様な居住ニーズに対し，社会資源としての空家の活用は，共生社会の実現のためにも喫緊の課題と言えよう。空家を始めバブル期に整備されたがその後の経済社会的な激変の中で未利用のままになっている社宅や学校の寮，さらに回転率が低いため営業休止中のビジネスホテルなどの活用等，扱い如何によっては貴重な社会資源となり得る住宅や施設ストックが全国各地に眠っているのだ。空家の放置は地域の荒廃化やスラム化にも繋がりかねない。一方，2013年3月末現在，特定非営利活動法人格を持っている団体が47,544に上り，その中で，保健・医療・福祉（27,602法人），まちづくり（20,369法人）の各分野で活動しているNPO法人が，約5万存在していることが内閣府のホームページから確認できる。これらの民間非営利

図表11-11　最低居住水準を基準とした広さごとの空家の募集状況

		合　計	利用不適	1人世帯向け （最低居住水準）	2人以上世帯向け （最低居住水準）	無回答
賃貸の入居者又は売却先（購入者）の募集状況	合　計	510	43	115	333	19
		100.0%	8.4%	22.5%	65.3%	3.7%
	購入者を募集	18	0	4	14	0
		100.0%	0.0%	22.2%	77.8%	0.0%
	賃貸として入居者を募集	344	22	83	232	7
		100.0%	6.4%	24.1%	67.4%	2.0%
	売却と賃貸の両方で募集	3	0	0	2	1
		100.0%	0.0%	0.0%	66.7%	33.3%
	非募集	144	21	27	85	11
		100.0%	14.6%	18.8%	59.0%	7.6%

（注）「最低居住水準」については以下により集計している。なお，これは，第8期住宅建設5箇年計画の最低居住水準に概ね準拠しており，現行の「住生活基本計画」におけるものとは異なる。
・「利用不適」とは，次のいずれかに該当するものを指す。
　①延べ床面積が18㎡未満のもの
　②延べ床面積が18㎡以上でもトイレのないもの
・「1人世帯向け」（最低居住水準）とは，延べ床面積が18㎡以上29㎡未満で「利用不適」に該当しないものを指す。

出所：国土交通省「平成21年度空家実態調査」

　法人は，活動次第で，全ての構成要素をひとつに繋ぎあわせ，居住困窮階層の居住及び生活ニーズの解決に向けた重要なファクターとして機能する可能性をもつ。そこがいわゆる発想の転換のターニングポイントになり得ると考える。しかし，そのためには実際の事業運営における経験的な先行例の評価や先端的な実践に向けたモデル提示が必要となってくるであろう。先に紹介したように，現在日本各地を始め，世界の様々な地域で，既に民間非営利法人が既存の空家，ないしは社宅・寮，ビジネスホテルを活かし，包括的な社会サービスを加えた民間創意による複合的な居住支援事業を展開している。ただ，それらの活動団体がこれまでの社会福祉事業の受け皿となっていた福祉法人とは異なる側面を持つことや，社会的企業及び社会経済に対する理解が低いために，事業の意義に対し社会的な同意を得るには少々時間を要するように思われる。従って，今後もさらにそのような実践経験の客観的な検証や再評価を試み，新たな

社会ニーズに対応できるモデルの創出に資すると共に，社会的関係形成の場を作り出していくことが必要である。

このような課題に対し，これまでの先行例について若干の記述を加えることで本稿のまとめに代えることにしたい。

2 行政施策からの試み

先述したように，住宅総数が総世帯数を越えて以降，住宅政策の市場化が進められてきた。しかし，市場では対応しきれない居住困窮・居住弱者の存在については，この間も様々な形での実態や対応が反貧困という観点から唱えられてきた。一方，住宅政策の市場化の傾向に伴い，住宅セーフティネット政策の一環として，上記で指摘した空家を活用しようという施策が行政施策として推進されてきた。市場からこぼれおちる高齢者，障がい者，外国籍住民等に対し，空家への入居を促進するために，自治体，民間支援団体，不動産店等が連携して，物件情報の提供や，居住に関する各種サポートなどを行ってきた。国土交通省では2006年度に「あんしん賃貸支援事業」を創設し全国的な展開を図ったが2010年度をもって廃止され，現在は自治体を中心に同様の施策が展開されている。しかし課題が多いのも現状である（一般社団法人住まい・まちづくり担い手支援機構, 2013）。一方，行政の施策ではなく，民間の創意工夫による試みとして，空家を活用した福祉転用の試みも全国的な拡大を見せている。以下，その一例を紹介することにしたい。

3 民間による実践：NPO法人みやぎ「こうでねいと」（仙台）

近年空き家を始め，既存住宅ストックの有効活用という側面で活躍している民間部門としてこの団体をあげることができる。家主から建物の管理業務全般の委託を受け，施設管理のみならず入居者の募集及び家賃の徴収等，住宅管理に関わる全ての業務を請け負って不動産業者と空き家や既存社宅の有効活用に新規参入してきた団体である。不動産関連業者の場合，日本居住福祉学会との連携を通じ，住宅産業から「居住福祉産業」への転換を掲げて，管理委託を請け負っている賃貸住宅の運用効率を高めるため創意的なアイデアを動員し，少子高齢化社会の居住ニーズに応ずるために努力してきた。上記学会と共同もしくは単独で実施している「居住福祉産業円卓会議」では，看護師出身の建築士が改修整備した「看護師が常住する賃貸マンション」や，子育て世帯向けの賃

図表11-12　みやぎ「こうでねいと」の事業概要

NPO法人みやぎ「こうでねいと」	
事業概要	(1)入居サポート：入居相談シートを活用した物件の紹介，申し込みから契約までサポート (2)一人暮らしのできる障害者向けアパート「セイフティアパート」：みやぎ「こうでねいと」が大家から賃貸し，利用者にサブリース。大家との交渉により，市場より低家賃での提供を実現。必要に応じて別途有償の生活サポート（定期訪問や夕食配食等）を実施。 (3)グループホーム・ケアホーム事業「ファミリアハウス」：利用資格として障がい者自立支援法での受給者証が必要。生活保護受給者も対象。 (4)生活支援ホーム「ファミリアホーム」：障がい者に限らず入居可能な低家賃住居（元社宅の活用）をグループホーム・ケアホームに併設。常駐の管理人を配置しており，安心のサポート体制。 (5)障がい者他生活支援対象者の緊急住居「ホストハウス」：1日1千円から利用可能。体験入居（1週間から）も受け付け。
体　制	理事長：齋藤宏直 職員：12名。うち有給職員6名は全て障がい者。 理事長ほか6名は有償ボランティア。
会　員	会員数：112名 支援企業：88社
沿　革	2002年宮城県からの授産施設活性化事業の委託を契機として法人認証を受け，特定非営利活動法人みやぎ「こうでねいと」を設立。 2005年1月　入居サポートセンター開設 2007年4月　セイフティアパート事業開始

出所：同法人ホームページ（http://www.m-koudeneito.or.jp/annai/html）を参照して作成

貸マンションの供給等が注目を集めている。これらの活動は，企業活動の方向性を社会的ニーズの充足に置き，社会的目的を実現するための「居住福祉産業」を掲げて企業活動を展開しているという点で，企業の社会的責任（CSR）のひとつの領域例として注目する必要がある。一方，営利企業ではない特定非営利活動法人格を持ち，既存住宅の有効活用を通じて社会的弱者への住宅ニーズに対応している代表的な団体のひとつとして挙げられるのがNPO法人みやぎ「こうでねいと」の活動である。

みやぎ「こうでねいと」という名前は，言葉通り，当然こうでないと，つまり，障がい者を始めとする社会的弱者層に対する福祉の増進が当然に保障される社会のあり方を問うていくために名付けられた。

同法人は，当初，障がい者施設の解体に関連して，地域での支援施設及び受

け皿となる住宅の不在による障がい者の生活自立の困難という問題に直面し自主的に障がい者のための賃貸住宅入居支援活動を始めたのが背景となっている。公式的な法人設立は2002年，宮城県からの障がい者就労支援施設活性化事業の委託を受けたことがきっかけであった。同法人は居住に関わる障がい者への社会的排除問題，とりわけ，住居選択の機会から排除されてきた現実に対応し，住宅市場で排除経験を受けがちな高齢者も含めた居住支援を中心に活動してきた。住み慣れた地域から遠く離れて居住するのではなく，地域社会で堂々と，社会の構成員の一人として生活できるよう支援することを通じ，障がい者の社会的自立と地域参加を支援することを目的としている。同法人の概要については図表11-12を参照されたい。

〔註〕
1) 議論となったのは，ホームレスの人々に対する公園からの排除問題，2年間の借上げ期間後の生活と就労の確保，孤立や孤独死，モラル・ハザード論，都営住宅の優先入居問題，低家賃民間アパートの低質環境問題等である（中島，2006）。
2) 厚生労働省，「社会福祉施設等調査報告平成23年版」
3) 紙幅の関係で詳細は省くことにするが，より詳しい内容については，全（2012a；b）を参照されたい。
4) 野宿者の応急センターとして，一時宿所の提供の他，常時利用できるシャワー，洗濯，散髪，生活用品等衛生サービスの提供，仕事の斡旋及び法律相談，インターネットの利用，パソコン教育，TV・ビデオ・映画上映，書籍等が利用可能。
5) 露宿人等の福祉及び自立支援に関する法（略称，ホームレス福祉法）。法の成立過程や法案内容等に関する詳細は全（2012a）を参照。
6) 共同作業場や労働者協同組合運動等が嚆矢的な形態である。
7) 社会的企業育成法の概要は以下の通りである。
   (1)目的：「①社会的企業の支援，②社会サービスの提供，③雇用創出⇒社会統合・国民生活の質の向上に資すること」。
   (2)社会的企業の定義：「社会的弱者に社会サービス，または就労を提供し，地域住民の生活の質を高めるなどの社会的目的を追求しながら，財貨及びサービスの生産販売など営業活動を遂行する企業として，第7条によって認証を受けた者」。
   (3)財政及び経営支援：専門人材や新規雇用者に対する人件費補助（最長5年間），法人税と所得税の減免（50％，4年間），施設費融資等の他，設立・経営コンサルティング支援，社会的企業育成アカデミー運営。
   (4)その他の間接支援として，役所による優先購買や，社会的企業ネットワークの構築支援等を行う。
   (5)社会的企業のタイプ：①雇用創出型，②社会サービス提供型，③混合型，④地域社会

貢献型，⑤その他。
　　＊2012年現在認定社会的企業：約700所
8）「居住福祉」概念の創始者でもある早川和男神戸大学名誉教授を中心に設立された学会，居住福祉という概念を中心に研究者を始め現場の実践家が協力しながら幅広い活動を展開している（学会ホームページ：http://housingwellbeing.org/ja/）。

おわりに

　はじめにで述べたように，本書は，筆者の「社会的包摂論」の講義を基に構成している。当初は「社会的排除論」として出発し，その後，「社会的包摂論」に改称した。排除から包摂に向かう道筋について，少しでも方向性に向けた探索を本講義中に考えていただきたいという趣旨であった。

　筆者は博士学位請求論文に関わる研究に引き続き，社会的排除の政策的検討を中心に，とりわけアジアに視点を向けた「包摂都市論」という新しい領域に向けて研究を行ってきた。西欧の都市モデルに馴染んでいる私たちであるが，実際に私たちが生活の場を切り開いているアジアの都市について，比較都市論的な意味合いを持ちつつも，各々の都市が持つ歴史や経済，社会の諸側面に注目しそれぞれの都市が抱えている共通のもしくは違い等を発見しながら，アジア都市共同の未来を見出していきたい，というのが当初の意図であった。

　実際にアジアの国や地域では，共通して産業社会の再編に伴う労働市場のフレキシビリティの増加，男性稼ぎ主を中心とした家族モデルの崩壊や可処分所得の世代間のギャップの拡大，若年層を中心に安定した雇用市場へのアクセスが困難な状況の拡大等の問題を抱えている。これらの新たな都市問題の中では，世代・ジェンダー間の格差に加え，エスニシティによる格差も指摘されている。とりわけ1990年代以降に本格化した格差問題については，政府をはじめ民間でも対応が急がれ，欧米社会では1970年代以降，経済危機に伴う財政逼迫による福祉国家の撤退に関する議論が相次ぐ中，社会統合の崩壊が憂慮され始めると同時に，社会的排除への政策的な関心が強まるようになったことは，既に本書で述べた通りである。

「社会的排除」とは，「関係性の貧困」という概念で説明されることが多いようであるが，筆者が本書を通じて強調したい点は，いわゆる「プロセスとしての貧困（poverty as process）」という概念である。従来の貧困が貨幣主義的な観点による結果論的な意味合いが強いのに対し，社会的排除とは，貧困を生み出す，もしくは貧困化に結びついていく「プロセス」に最も焦点を当てた概念である。1980年代以降，ヨーロッパを中心に広がり始めた概念が，今は世界中の新しい貧困現象を説明するのに有効な概念として取り上げられている。結果ではなく，プロセスであるからこそ見えてくるものがたくさんある。つまり，これまでの貧困を図るツールとしては，個人や世帯が持つ所得や資産等に基づき，テクノクラートが貧困の如何を査定してきたのだが，社会的排除では，それだけでは新しい貧困現象の説明に追いつかないということで，貧困に結びついていくプロセスを探り，その中から貧困化をもたらすメカニズムを同定してきたのである。それには，教育や健康，雇用のみならず，住まいや地域による因果関係が注目され，それらの問題への対応として，コミュニティや官民のパートナーシップが注目されてきた。そのような取り組みこそ，貧困や社会的排除問題に取り組む真の包摂に向けた道筋であるという意味で，いわゆる「包摂型社会」が求められてきた点もまた，既に本書の中で指摘した次第である。

　一例として，日本を始め韓国や台湾等東アジアの都市では，社会的排除は土地・生産的な資産，生計及び雇用の機会，教育・健康等の社会サービスからの排除という様々な側面から説明されている。それらの国や地域に共通する点は，経済成長を中心とした政府の強いリーダーシップにより，社会政策が経済政策に従属する非常に残余的なシステムとしてしか存在していないことにある。そして，社会サービスへのアクセスから排除されている生活困窮者が様々な形で都市空間の中に散在している。ほとんどの場合，彼ら／彼女らは特定地域に集中しており，既成市街地や都市のインナーエリアに「社会的不利地域」が作られている。都市や社会問題に対する政府のアプローチや制度に違いがあるにせよ，社会的排除の出現が都市住民の生活空間を侵食し，脆弱な都市空間の拡大に結び付く背景となっており，その対応に注目が集まっている。

　一方，アジア都市において，資本や人口移動に伴う社会的排除は「域」を超えて他の都市へと移転しており，包摂的な「多文化共生都市」への関心が高ま

りつつあるのが現状である。筆者は，アジアの都市間における社会的排除の同定を始め，包摂に向けた政策対応や民間部門からのアプローチについて，特に「アジア都市論」という文脈から研究や実践の両面でアプローチしてきた。このような問題意識に基づいてこれまで実施してきた研究をまとめたのが本書である。ここで改めてその概要をまとめてみよう。

1990年代に入り，東アジアの都市では例外なくホームレス問題が主要な都市問題として登場してきた。その背景には，人口や資本移動のグローバル化による産業再編や金融市場の自由化等による問題を挙げることができる。筆者は同問題の結果としての都市空間や地域実態に関する調査を始め，先に述べたような現場に密着したアクションリサーチ，そして政府や民間の問題認識や対応の比較という点にも注目し，研究及び実践交流のコーディネートをも行ってきた。

とりわけホームレス問題に関する調査研究の他，都市内における限界集落と言われている，都市部落の高齢居住者の生活実態調査を実施し，地域再生に向けたまちづくり研究会のコーディネートも行ってきた。現在も本学近隣に位置する3つの同和地区と共同で居住実態調査を行い，差別や排除ではない，承認を促す地域再生の課題を模索しているところである。

その他に都市エスニシティに着目したアクションリサーチとして，大阪市西成区や和歌山県内の在日コリアン居住地を対象に，高齢者の生活実態調査を始め，当該地域の形成と変容に着目した調査を実施すると共に，地域課題の解決に向けた地域再生プログラムを模索してきた。とりわけ西成区では，都市エスニシティを活かした地域再生構想（にしなりエスニックミュージアム構想）を推し進めている。

人や資本移動の加速化の下，生活困窮者や脆弱な都市空間の拡大が危惧されている。筆者の今の課題は，これまでの研究をさらに発展させ，貧困や排除に立ち向かい，承認と包摂を促す都市空間や政策実践に結び付くアジア包摂都市論の構築に向けた研究をより本格的に行っていくことである。そのため，これまで構築してきた海外のネットワークの地盤をさらに固め，都市の包摂課題に向けた包摂都市ネットワークの構築や，アジア型包摂都市論の形成に向けた研

究を推し進めていきたいと考えている。既に東アジアでは，日本，韓国，台湾，香港の4つの国や地域が中心となり，毎年各都市が持ち回りで東アジア包摂都市ネットワークショップを実施してきた。第1回の台北の後，ソウル，大阪，香港で，そして，次は再度台北で第5回目のワークショップを開催することが合意されている。なお次回からは参加都市やテーマの範囲を広げ，実践の整理や包摂都市に向けた比較都市論的な理論の検討も行っていく予定である。

　本書で取り上げた内容は，ほとんど社会的包摂論の講義の中で受講生と共有してきた内容である。
　これからも学生をはじめ読者のみなさんと包摂型社会の有り様について一緒に議論し，研究し続けていくための手助けになることを期待している。
　本書のベースとなった講義内容はまんべんなく本書の各章に反映されている。またその多くは既発表の論文等をもとにしているが，本書のために新しく書き下ろした内容もある。既発表の論文等の場合も，本書に加える際にかなり大幅に加筆修正をおこなった。たとえば，I部とII部の理論編は，ほぼ筆者の学位請求論文をベースに大幅に加筆修正した内容である。それ以外は，以下に発表したものの一部を基にしている。なお，研究調査の際の共同研究者（敬称略）等も併せて記しておきたい。

06章「東北型多文化共生と定住外国人支援の課題」，大阪市立大学都市防災研究グループ編，『いのちを守る都市づくり：実践編』，2012年，大阪公立大学共同出版会（共同研究者：岡アユ美，藤原望）
07章「社会的な不利地域における共生型まちづくりに関する研究」，2010年版『住宅総合研究財団研究論文集』（共同研究者：川本綾，本岡拓哉，宮下良子，李度潤，福本拓，中山徹，水内俊雄）
08章『4地区共同まちづくり研究会・4地区実態調査報告書』，大阪市立大学都市研究プラザレポートシリーズ26，2012年を基に矢野淳士と共同執筆。
09章「アジアの発展途上国におけるスラム再生」（本文は韓国語），韓国都市研究所編『都市と貧困』2006年10月号
10章「韓国におけるまちづくりとコミュニティワーク」，内田雄造編，『ま

ちづくりとコミュニティワーク』,解放出版社,2006年
11章「生活困窮層に対する居住支援Ⅱ」,特定非営利活動法人ホームレス支援全国ネットワーク編,『伴走型支援士1級認定講座テキスト』,2014年

　本書が刊行されるに至ったのは,筆者の講義内容を出版してはと提案してくれた法律文化社編集部の掛川直之さんの企画のおかげである。筆者自身,講義内容に沿った参考書籍の必要性を痛感していたところ,掛川さんの提案は大きな励みとなったことをここに記し感謝したい。
　本書の刊行を機に,改めて読者のみなさんと,教室の敷居を乗り越えて,新しい研究や実践の地平に向けて一緒に取り組んでいく機会が増えていくことを熱望する。

2015年2月

全　泓奎

文献一覧

ACHR (Asian Coalition for Housing Rights), 1989, Battle for Housing Rights in Korea, Bangkok: ACHR.
ACHR (Asian Coalition for Housing Rights), 1991, Urban Poor Housing Rights in South Korea & Hong Kong, Bangkok: ACHR.
Anderson, I. and D. Sim (eds.), 2000, Social Exclusion and Housing: Context and Challenges, Conventry: Chartered Institute of Housing.
Anzorena, J., 1994, Housing the Poor: Tha Asian Experience (2 nd Edition), Cebu: ACHR
Anzorena, J., 2004, Housing the Poor: in the New Millennium, Cebu: PAGTAMBAYONG
Arthurson, K. and K. Jacobs, 2003, A Critique of the Concept of Social Exclusion and its Utility for Australian Social Housing Policy, Australian Housing and Urban Research Institute (Paper presented at the UK Housing Studies Association Conference, Bristol, September).
Atkinson, R. and K. Kintrea, 2001, Disentangling Area Effects: Ecidence from Deprived and Non-deprived Neighbourhoods, Urban Studies, Vol. 38, (12), pp.2277-2298.
Atkinson, R. and K. Kintrea, 2002, Area Effects: What Do They Mean for British Housing and Regeneration Policy?, European Journal of Housing Policy, Vol. 2(2), pp. 147-166.
Atkinson, R. and K. Kintrea, 2004, Opportunities and Despair, It's All in There: Practitioner Experiences and Explanations of Area Effects and Life Chances, Sociology, Vol. 38(3), pp. 437-455.
Bauder, H., 2002, Neighbourhood Effects and Cultural Exclusion, Urban Studies, Vol. 39(1), pp. 85-93.
Berghman, J., 1995, Social Exclusion in Europe: Policy Context and Analytical Framework, in G. Room, Beyond the Threshold: The measurement and analysis of social exclusion, Bristol: The Policy Press, pp. 10-28.
Berman, Y. and D. Phillips, 2000, Indicators of social quality and social exclusion at national and community level, Social Indicators Research (50), pp. 329-350.
Bertaux, D.:LES R'ECITS DE VIE : PERSPECTIVE ETHNOSOCIOLOGIQUE, Paris: NATHAN.(小林多寿子訳, 2003, 『ライフストーリー：エスノ社会学的パースペクティヴ』, ミネルヴァ書房)
Bhalla, A. and F. Lapeyre, 2004, Poverty and Exclusion in a Global World, 2 nd edition, Macmillan (福原宏幸・中村健吾監訳, 2005, 『グローバル化と社会的排除：貧困と社会問題への新しいアプローチ』, 昭和堂).
Brooks-Gunn, J., Duncan, G., Klebanov, P. and Sealane, N., 1993, Do neighbourhoods influence child

and adolescent development?, American Journal of Sociology, Vol. 99(2), pp. 353-395.
Byrne, D., 1999, Social exclusion, Buckingham・Philadelphia: Open University Press.
Cameron, S., & Field, A., 2000, Community, Ethnicity and Neighbourhood, Housing Studies, Vol.15(6), pp.827-844.
Chambers, R., 1994, The Origins and Practice of Participatory Rural Appraisal, World Development, Vol. 22(7), pp.953-969.
Chambers, R., 1997, WHOSE REALITY COUNTS? Putting the First Last, Intermediate Technology Publications. (野田直人, 白鳥清志監訳, 2000, 『参加型開発と国際協力：変わるのは私たち』, 明石書店)
Choguill, M. B. G., 1996, A Ladder of Community Participation for Underdeveloped Countries, Habitat International, Vol. 20(3), pp. 431-444.
Clark George E. et al., 1998, Assessing he Vulnerability of Coastal Communities to Extreme Storms: The Case of Revere, Ma., USA, Mitigation and Adaptation Strategies for Global Change 3, pp.59-82.
Daly, M., 1999, Regimes of social policy in Europe and the patterning of homelessness, in D. Avramov (ed.) Coping with homelessness: Problems to be tackled and best practices, Aldershot: Ashgate, pp. 309-30.
Duffy, B., 2000, Satisfaction and expections: attitudes to public services in deprived areas, CASE Paper45, London School of Economics.
Edgar, B., J. Doherty and A. Mina-Coull, 1999, Services for Homeless People: Innovation and Change in the European Union, Bristol: The Policy Press.
Edgar, B., J. Doherty and A. Mina-Coull, 2000, Support and Housing in Europe: Tackling social exclusion in the European Union, Bristol: The Policy Press.
Edgar, Meert and J Doherty, 2004, Third Review of Statistics on Homelessness in Europe, FEANTSA (European Federation of National Organisations Working with the Homeless)
Ellen, I. and Turner, M., 1997, Does neighbourhood matter? Assessing Recent Evidence, Housing Policy Debate, Vol. 8(4), pp.833-866.
Esping-Andersen, G., 1990, The Three Worlds of Welfare Capitalism, Cambridge: Polity Press. (岡沢憲芙・宮本太郎監訳, 2001, 『福祉資本主義の三つの世界：比較福祉国家の理論と動態』, ミネルヴァ書房)
Evans P., 1996, Government Action, Social Capital and Development: Reviewing the Evidence on Synergy, World Development, Vol.24(6), pp.1119-1132.
Frankenhoff, C. A., 1967, Elements of an Economic Model for Slums in a Developing Economy, Economic Development and Cultural Change, Vol.16(1), pp.27-36.
Gough et al., 2006, Spaces of Social Exclusion, London and New York: Routledge
Ineichen, B., 1993, Homes and Health: How housing and health interact, London: E&FN SPON.
Johan, Galtung, 1969, Violence, Peace and Peace Research. (ヨハン・ガルトゥング, 1991, 『構造的暴力と平和』, 中央大学出版部)
Jordan, B., 1996, A Theory of Poverty & Social Exclusion, Cambridge: Polity press.
Kempen, E. Van, 2002, 'Poverty pockets' and social exclusion: on the role of place in shaping social inequality, in P. Marcuse and R. Van Kempen eds., Of States and Cities, Oxford: Oxford

University Press, pp. 240-257.
Kertesz, S.G. et al., 2009, Housing First for Homeless Persons with Active Addiction: Are We Overreaching?, The Milbank Quarterly, Vol.87(2), pp.495-534.
Kleinman, M., 1998, Include Me Out? The New Politics of Place and Poverty, CASE Paper11, London School of Economics.
Kleinman, M., 1999, There goes the neighbourhood: Area policies and social exclusion, New Economy, Vol. 6(4), pp. 188-192.
Lee, P., & Murie, A., 1997, Poverty, housing tenure and social exclusion, Bristol: The Policy Press.
Lee, P., 1998, Housing policy, citizenship and social exclusion, in A. Marsh and D. Mullins (eds), Housing and Public Policy: Citizenship, Choice and Control, Buckingham: Open University Press, pp. 57-78.
Levitas, R., 1998, The Inclusive Society?: Social Exclusion and New Labour, London:Macmillan Press Ltd.
Marsh, A. & D. Mullins, 1998, The Social Exclusion Perspective and Housing Studies: Origins, Applications and Limitations, Housing Studies, Vol.13(6), pp.749-759.
Marshall T. H. and T. Bottomore, 1992, Citizenship and Social Class, London: Pluto Press.（岩崎信彦・中村健吾訳, 1993, 『シティズンシップと社会的階級：近現代を総括するマニフェスト』, 法律文化社）
Midgley, J. and Livermore, M., 1998, Social Capital and Local Economic Development: Implications for Community Social Work Practice, Journal of Community Practice 5（1-2）, pp.29-40.
Midgley, J., 1995, Social Development: The Developmental Perspective in Social Welfare, London: SAGE.（萩原康生訳, 2003, 『社会開発の福祉学』, 旬報社）
Midgley, J., 1997, Social Welfare in Global Context, London: Sage.（京極高宣・萩原康生監訳, 1999, 『国際社会福祉論』, 中央法規出版）
Midgley, J., 1999, Groth, Redistribution, and Welfare: Toward Social Investment, Social Service Review, pp. 3 -21.
Murie, A., 1996, Social exclusion and its application to housing issue, plenary paper at Housing Studies Association Conference on Housing and Social Exclusion, Birmingham, September 1996.
Murie, A. and S. Musterd, 2004, Social Exclusion and Opprortunity Structures in European Cities and Neighbourhoods, Urban Studies, Vol. 41(8), pp. 1441-1459.
Murray, C., 1996, The emerging British underclass, in R. Lister ed., Charles Murray and the Underclass: The Developing Debate, London: IEA Health and Welfare Unit, pp. 24-53.
Nabil M.O. Kamel and Anastasia Loukaitou-Sideris, 2004, Residential Assistance and Recovery Following the Northridge Earthquake, Urban Studies, Vol.41(3), pp.533-562.
Narayan, D., 1999, Bonds and Bridges: Social Capital and Poverty, Poverty Group, PREM, World Bank.
Percy-Smith J., 2000, Policy Responses to Social Exclusion: towards inclusion?, Buckingham: Open University Press.
Perween R., 2002, Orangi Pilot Project (OPP) -Institutions and Programs: A case study, OPP-RTI.
Pierson J., 2002, Tackling social exclusion, London: Routledge.
Power, A., 2000, Poor Areas and Social Exclusion, in Power & Wilson, Social Exclusion and the

Future Cities, CASE paper 35, London: London School of Economics, pp. 1 -20
Room, G. ed., 1995, Beyond the Threshold: The measurement and analysis of social exclusion, Bristol: The Policy Press.
Room, G., 1995a, Poverty and Social Exclusion: The New European Agenda for Policy and Research, in G. Room (ed.), Beyond the Threshold: The measurement and analysis of social exclusion, Bristol: The Policy Press, pp. 1 - 9.
Room, G., 1995b, Poverty in Europe: competing paradigms of analysis, Policy and Politics, vol. 23(2), pp. 103-113.
Room, G. J., 1999, Social exclusion, solidarity and the challenge of globalization, International Journal of Social Welfare, Vol. 8, pp. 166-174.
Seeley, J. R., 1959, The Slum: Its Nature, Use, and Users, Journal of the American Institute of Planners, Vol.25(1), pp. 7 -14.
Silver, H., 1994, Social Exclusion and Social Solidarity: Three paradigms, International Labour Review, Vol. 133 (5 - 6), p.540.
Silver and Wilkinson, 1995, Policies to combat social exclusion: A French-British comparison, in G. Rodgers, C. Gore and J. B. Figueiredo (eds.), Social exclusion: Rhetoric, reality, responses, Geneva: International Institute for Labour Studies, International Labour Organisation.
Social Exclusion Unit, 2001, A New Commitment to Neighbourhood Renewal: National Strategy Action Plan. London: Cabinet Office.
Somerville, P., 1998, Explanations of Social Exclusion: Where Does Housing Fit in?, Housing Studies, Vol.13(6), pp.761-780.
Somsook Boonyabancha, 2001, Savings and loans: drawing lessons from some experiences in Asia, Environment & Urbanization, Vol.13(2), pp. 9 -21.
Speak, S. and S. Graham, 1999, Service Not Included: Private Services, Restructuring, Neighbourhoods and Social Marginalisation, Environment and Planning A, Vol. 31, pp. 1985-2001.
Spicker, P., 1998, Housing and Social exclusion, Edinburhg: Shelter Scotland.
Stokes, Charles, 1962, A Theory of Slums, Land Economics, Vol.38(3), pp.187-97.
Townsend, P., 1979, Poverty in the United Kingdom: A Survey of Household Resources and Standards of Living, Berkeley and Los Angeles: University of California Press.
Tsemberis, S, A. Gulcur and M. N. Nakae, 2004, Housing First, Consumer Choice, and Harm Reduction for Homeless Individuals With a Dual Diagnosis, Research & Practice, Vol.94(4), pp.651-656.
Turner, B., 1986, Citizenship and Capitalism: The Debate over Reformism, London: Allen & Unwin.
UN-Habitat, The Challenge of Slums: Global Report on Human Settlements 2003, London: Earthscan Publications.
Walker, A. and C. Walker (eds.), 1997, Britain Divided: The growth of social exclusion in the 1980s and 1990s, London: CPAG.
Watt. P. and K. Jacobs, 2000, Discourses of Social Exclusion: An Analysis of 'Bringing Britain Together: a National Strategy for Neighbourhood Renewal', Housing, Theory and Society, Vol. 17(1), pp.14-26.

Webster, D., 1999, Targeted local jobs: the missing element in Labour's social inclusion policy, New Economy, Vol. 6(4), pp. 193-198.

Wilson, J. W., 1987, The Truly Disadvantaged: The Inner City, the Underclass, and Public Policy, Chicago: The University of Chicago Press.（平川茂・牛草英晴訳，1999，『アメリカのアンダークラス：本当に不利な立場に置かれた人々』，明石書店）

Wilson, J. W., 1996, When Work Disappears: The World of the New Urban Poor, New York: Knopf.（川島正樹・竹本友子訳，1999，『アメリカ大都市の貧困と差別:仕事がなくなるとき』，明石書店）

Woolcock, M., 1998, Social Capital and Economic Development: Toward a theoretical Synthesis and Policy Framework, Theory and Society, Vol.27, pp.151-208.

Xavier de Souza Briggs, 1998, Brown Kids in White Suburbs: Housing Mobility and the Many Faces of Social Capital, Housing Policy Debate, Vol. 9(1), pp.177-221

浅香地区実態調査結果分析委員会，2001,「同和問題の解決に向けた実態等調査浅香地区分析報告書」

アジット・S. バラー＝フレデリック・ラペール，2005,『グローバル化と社会的排除』，昭和堂

アリフ・ハサン，1987,「オランギ低価額衛生設備事業（パキスタン）」,『居住へのたたかい：アジアのスラムコミュニティから』、明石書店

一般財団法人厚生労働統計協会，2013,『国民の福祉と介護の動向（2013/2014）』

一般社団法人住まい・まちづくり担い手支援機構，2013,「NPO等による空き家活用事例の実態調査」

伊藤周平，1996,『福祉国家と市民権：法社会学的アプローチ』，法政大学出版局

岩田正美，2008,『社会の排除：参加の欠如・不確かな帰属』，有斐閣

岩田正美・西澤晃彦編著，2005,『貧困と社会的排除：福祉社会を蝕むもの』，ミネルヴァ書房

宇佐見耕一編，2001,『ラテンアメリカ福祉国家論序説』，アジア経済研究所

宇佐見耕一編，2003,『新興福祉国家論：アジアとラテンアメリカの比較研究』，アジア経済研究所

内田雄造，1993,『同和地区のまちづくり論：環境整備計画・事業に関する研究』，明石書店

内田雄造，大谷英二，2001,「転換期にある同和地区のまちづくりが今後の日本のまちづくりに示唆すること」,『第36回日本都市計画学会学術研究論文集』pp.109-114

内田雄造・藤井敏信・大月敏雄・安田奈美子・加藤麻由美，1993,「フィリピンのコミュニティ抵当事業に関する調査研究」,『第28回日本都市計画学会学術研究論文集』pp.781-786

内田雄造他，1997,『アジア地域におけるまちづくりに関する研究』,『東アジアへの視点：北九州発アジア情報』，6月号，財団法人国際東アジア研究センター，pp.63-141

内田雄造編著，1996,『東アジアにおけるスラムの環境改善に関する研究』，財団法人国際東アジア研究センター（ペンシルベニア大学協同研究施設）

大阪市立大学都市研究プラザ編，2011,『コリアンコミュニティにおける高齢居住者の生活と住まいからみた地域再生の課題: 西成区在日コリアン多住地域を中心として』（GCOE Report Series 21）

大塚秀之，2001,『現代アメリカ社会論：階級・人種・エスニシティからの分析』，大月書店

大月敏雄，1995,「パキスタンにおけるOPP方式の広がり：アクション・プランニングのまちづくり2」,『住宅建築』，8月号，pp.160-165

梶田孝道他，2005,『顔の見えない定住化』，名古屋大学出版会

川原恵子，2008,「ホームレス問題と居住福祉」,『臨床に必要な居住福祉』，弘文堂，pp.50-65

川本綾，2010,「コリアンコミュニティの暮らしと生活課題」こりあんコミュニティ研究会第17回定

例研究会：多文化福祉に基づいたコリアンコミュニティの地域再生に関するワークショップ発表資料
厚生労働省，平成22年国民生活基礎調査
小玉徹・中村健吾・都留民子・平川茂編著，2003，『欧米のホームレス：実態と政策 上』，法律文化社
坂田正三，2001，「社会関係資本と開発：議論の系譜」，佐藤寛編，『援助と社会関係資本：ソーシャルキャピタル論の可能性』，アジア経済研究所，pp.11-33
全泓奎，2012a,「韓国ホームレス福祉法の制定と包括的な支援システムの整備」，『ホームレスと社会』，Vol.5，pp.82-90
全泓奎，2012b,『韓国・居住貧困とのたたかい：居住福祉の実践を歩く』，東信堂
全泓奎・川本綾，2013,「コリアンコミュニティの形成と定住プロセス」，吉原和男他共編，『人の移動辞典：日本からアジアへ・アジアから日本へ』，丸善出版，pp.294-295
全泓奎，城所哲夫，2005,「韓国・ソウル市居住者の居住貧困化プロセスにおける地域効果：社会的排除論からの観点を中心として」，『日本都市計画学会都市計画論文集』No.40-3，p.512
全泓奎他編，2010,『日韓における住宅困窮層への包摂的な居住支援モデルの構築に関する比較研究』，第一住宅建設協会
新宿ホームレス支援機構，2005a，『季刊Shelter-less』，No.25
新宿ホームレス支援機構，2005b，『季刊Shelter-less』，No.26
鈴木広，1986，『都市化の研究：社会変動とコミュニティ』，恒星社厚生閣
総務省統計局，平成19年就業構造基礎調査
総務省統計局，平成22年国勢調査
ソムスック・ブーンチャバンチャー，2005，「スラム住民による自治を可能にした支援策」，『オルタ』，5月号，アジア太平洋資料センター
谷富夫，1996，「ライフ・ヒストリーとは何か」，谷富夫編，『ライフ・ヒストリーを学ぶ人のために』，世界思想社
中央融和事業協会，1973，「部落産業経済概況」，渡辺徹・秋定嘉和編，『部落問題・水平運動資料集成補巻二』
辻田祐子，2001，「政府と市民のシナジー：都市環境衛生のパートナーシップの問題点」，佐藤寛編，『援助と社会関係資本：ソーシャルキャピタルの可能性』，アジア経済研究所，pp.123-147
都留民子，2000，『フランスの貧困と社会保護：参入最低限所得（RMI）への途とその経験』，法律文化社
都留民子，2002，「フランスの「排除 Exclusion」概念：わが国の社会問題に使用することは可能か」，『海外社会保障研究』，No.141，pp.3-17
デイヴィッド・バーン，2012，『社会的排除とは何か』，こぶし書房
東京都，2009，「ホームレスの自立支援等に関する東京都実施計画（第2次）」
中島明子，2006，「ホームレスの人々への居住支援と自治体居住政策：ハウジング・ファースト施策と課題」，『都市住宅学』，No.53，pp.44-47
中村健吾，2002，「EUにおける「社会的排除」への取り組み」，『海外社会保障研究』，国立社会保障・人口問題研究所，No.141，pp.56-66
新津晃一，1989、『現代アジアのスラム：発展途上国都市の研究』，明石書店
秦辰也，2002，「開発途上国地方都市のスラムにおける住民参加と住民組織のネットワーク化，及び

行政とのパートナーシップについて:タイ・ナコーンサワーン市における住民参加型移転計画に関する事例分析」,『都市計画』Vol. 51, No. 1, pp.63-73
河明生, 1997,『韓人日本移民社会経済史』, 明石書店
阪東美智子他, 2008,「ホームレスの人々への支援策としてのハウジング・ファーストに関する予備的研究その2:東京都地域生活移行支援事業における居住支援」,『日本建築学会大会学術講演梗概集』, pp.1483-1484
樋口雄一, 1978,「在日朝鮮人に対する住宅差別」,『在日朝鮮人史研究2』, pp.70-79
福原宏幸編著, 2006,『社会的排除/包摂と社会政策』, 法律文化社
藤井敏信・安相景, 2001,「アユタヤにおけるコミュニティネットワーク型の住環境整備事業の展開とCODIの役割」,『都市計画論文集』, No. 36, pp. 445-450
プロジェクトPLA編, 2000,『続・入門社会開発』, 国際開発ジャーナル社
穂坂光彦, 1994,『アジアの街　わたしの住まい』, 明石書店
穂坂光彦, 1998,「住民によるスラムの改善:スリランカ」, 斉藤千宏編著,『NGOが変える南アジア』, コモンズ
穂坂光彦, 2001,「オランギー地区環境整備の都市計画論的考察」, 穂坂光彦・篠田隆編,『南アジアの都市環境マネジメント』(文部省科学研究費・特定領域研究(A)「南アジアの構造変動とネットワーク」)
穂坂光彦, 2004,「都市貧困と居住福祉」, 絵所秀紀・穂坂光彦・野上裕生編著,『貧困と開発』, 日本評論社
堀田祐三子, 2005,『イギリス住宅政策と非営利組織』, 日本経済評論社
ホルヘ・アンソレーナ, 伊従直子, 内田雄造, 穂坂光彦編, 1987,『居住へのたたかい』, 明石書店
マール・D・マシュー, 2004,「地方政府のホームレス生活者対策:ロサンゼルス郡の「ケアの継続」とホームレス問題経営の限界」, 中村健吾他編著,『欧米のホームレス問題:支援の実例(下)』, 法律文化社
葉袋奈美子他, 1994,「フィリピンのコミュニティ抵当事業における「オリジネーター」に関する研究:中間セクターとしての特徴と役割について」,『第29回日本都市計画学会学術研究論文集』
葉袋奈美子, 1999a,「オリジネート組織試論:フィリピンの住環境整備支援実態の考察を通して」, 日本都市計画学会学術研究論文集(34)
葉袋奈美子, 1999b,「フィリピンにおける住環境整備事業の実態と民間非営利組織による住民支援に関する研究」, 東京都立大学学位論文
宮本太郎, 2013,『社会的包摂の政治学:自立と承認をめぐる政治対抗』, ミネルヴァ書房
歴史教科書在日コリアンの歴史作成委員会編, 2006,『歴史教科書在日コリアンの歴史』, 明石書店
渡戸一郎・井沢泰樹編, 2010,『多民族化社会・日本:＜多文化共生＞の社会的リアリティを問い直す』, 明石書店

[以下の文献は韓国語]
イ・インゼ, 2003,「低所得層過程における青少年貧困政策に関する研究」,『韓国社会の新貧困,どのように見るべきか?』韓国都市研究所シンポジウム及び貧民司牧委員会政策討論会, 韓国都市研究所・天主教ソウル大教区貧民司牧委員会
イ・ゾンス他, 2004,『自活支援ノタメノ民間創業支援期間運営方法論研究:社会連帯銀行ヲ中心トシテ』, 大統領諮問貧富格差・差別是正委員会

李ホ，1996，「貧民地域ノ協同組合運動実験」，『都市庶民ノ生ト住民運動』，発言，韓国都市研究所
韓国基督教社会問題研究院編，1987，『民衆ノ力，民衆ノ教会：都市貧民ノ人間ラシイ暮ラシノタメニ』，民衆社
韓国都市研究所，1998，「撤去民ガ見タ撤去」（研究報告98-3）
韓国都市研究所，2003，『地下住居空間ト居住民ノ実態ニ関スル研究』
韓国保健社会研究院・江西区，2002，『低所得層集中居住による問題点及び改善方案研究』
金秀顯，1998，「ソウル地域住居権運動ノ展開過程」，『撤去民ガ見タ撤去：ソウル市撤去民運動史』，韓国都市研究所
キム・ヨンファ，2001，「生産的福祉ト開発の福祉：韓国社会福祉ト対案的模索」，『福祉行政論叢』11(2)，pp.79-102
ジョン・イルウ・朴在天，1998，「共同体形成ノ意味：シフン・ボグンジャリ・マウルト錦湖・杏堂・下往地域事例ノ場合」，『不良住宅再開発論』，ナナム出版
シン・イクヒョン，2003，「教育福祉投資優先地域支援事業の意義と推進方向」，『都市と貧困』(61)，韓国都市研究所
聖公会大学校社会福祉研究所，2004，『脆弱階層ノ都心生活実態ト政策的含意：ソウル都心地考試院ノ利用者ヲ中心トシテ』，貧富格差・差別是正委員会
ソウル市政開発研究院，2002，『ソウル市永久賃貸住宅住民の生活』，ソウル市政開発研究院
大韓住宅公社，1993，『不良住宅再開発事業ノ問題点ト改善方案』
大統領諮問貧富格差・差別是正委員会，2005，『政策資料集』
大統領秘書室QOL向上企画団，1999，『新千年ニ向ケタ生産的福祉ノ途：「国民ノ政府」社会政策ノ青写真』
大統領秘書室社会統合企画団，2003a，『住居地整備事業ノ葛藤様相ト公共性提高方案』，韓国都市研究所
ペ・スンソク，2001，『老朽不良住居整備施策改善ノタメノ韓・英共同研究』，国土研究院
ホン・インオク，2000，「コミュニティ中心ノ住居地整備ト公共参与」，河晟奎他，『住宅，都市，公共性』，博英社
ユン・イルソン，2002，『都市開発ト都市不平等』，ハヌル・アカデミ
尹宜栄，1987，「不良住宅再開発事業ニヨル集団ニ住民ノ再定着特性ニ関スル研究：非政府組織ノ役割ヲ中心トシテ」，ソウル大学校環境大学院修士論文

事項索引

あ 行

空　家 ………………………………… 166
アクション・トレーニング・プログラム
　（Action Training Program）………… 133
アクションリサーチ …………………… 175
アクセシビリティ ……………………… 118
浅香地区 ………………………………… 099
アジア都市論 …………………………… 175
ACPO（Asian Committee for People's
　Organization）………………………… 147
新しい貧困（new poverty）……… 007, 016
アメリカ …………………………… 008, 043
あんしん賃貸支援事業 ………………… 168
アンダークラス（underclass）
　……………………… 008, 016, 028, 043, 125
慰安婦 ……………………………… 081, 082
Ｅ　Ｕ …………………………………… 008
イエズス会 ……………………………… 137
イギリス …………………………… 046, 056
依存主義 ………………………………… 113
イネーブリング原則（enabling principle）
　………………………………………… 112, 121
イネーブリング政策環境（enabling policy
　environment）………………………… 118
違法ブローカー ………………………… 066
移民政策 ………………………………… 061
移民ルート ……………………………… 062
医　療 …………………………………… 050
インテンシブな面接調査 ……………… 040
インド …………………………………… 147

インドネシア …………………………… 111
インナーシティ …………………… 043, 044
内からの国際化 ………………………… 071
内なる国際化 …………………………… 074
永久賃貸住宅 …………………………… 124
exclusion from area ……………… 110, 126
exclusion through area …………… 110, 127
エスニシティ …………………………… 173
エスニックコミュニティ ………… 078, 145
エスニックマイノリティ ………… 061, 078
エフエムわいわい ……………………… 072
オーガナイザー ………………………… 133
大　阪 ……………………………… 128, 158
大阪市西成区 ………………… 077, 079, 082, 090
押し出し（push）要因 ………………… 108
オランギパイロットプロジェクト（Orangi
　Pilot Project, OPP）………………… 115
オルタナティブ …………………… 118, 140

か 行

買上賃貸住宅事業 ……………………… 163
外国人集住都市会議 …………………… 063
外国籍住民 ……………………………… 062
外国人登録者数 …………………… 062, 082
外的開発（external development）…… 115
開発主義政府 …………………………… 132
開発主義的福祉 ………………………… 131
貸付（loan）…………………………… 111
過剰都市化（over-urbanization）……… 108
釜ヶ崎地域 ……………………………… 129
釜ヶ崎のまち再生フォーラム ………… 158

過密	056
「過密（crowding）」の問題	050, 055
過密住居	031
関係性の貧困	014, 022, 174
関係的な概念	021
関係的問題	055, 145
関係的用語（relational terms）	009, 145
韓国	123, 131
韓国・朝鮮	062, 063
韓国居住福祉協会	165
韓国特殊地域宣教委員会（Korea Mission for Community Organization, KMCO）	134
韓国都市研究所	145
カンポン	111
カンポン改善事業（KIP, Kampung Improvement Program）	111
機会へのアクセス	056
機能不全（dysfunctional）	043
キャンディ市	118
旧来定住者（Old Timer）	063, 072
教育福祉投資優先地域支援事業	050
強制立ち退き	134
共治（ガバナンス）モデル	106
居住移動	029, 038
居住環境	110
居住関連サービス	040
居住権運動	132
居住権実現のための国民連合	134
居住困窮状態	150
居住困窮層	149, 150, 153, 160
居住支援	149, 150, 153, 157, 164, 167
居住支援型社会的企業	166
居住支援活動	128
居住システム	027, 028, 034
居住の権利	133, 134, 138
居住貧困	028, 029, 032, 055, 150
居住福祉	165
居住福祉協会	165
居住福祉財団	164
居住福祉産業	168
居住福祉センター	165
居住問題	029

基督教都市貧民宣教協議会	134
近隣効果（neighbourhood effects）	043
廣州大団地事件	132
空間的な集中	042
グラミン銀行	141
グローバル化	175
ケアの継続（continuum of care）	155, 156
ケイパビリティ	138
結婚移住者	070
結束型（Bonding）ソーシャルキャピタル	129
顕在的暴力	120
公営住宅の払い下げ	029
公共サービス	051, 109
公共政策	052
公共賃貸住宅	028, 030, 034, 040, 138, 163, 165
口述史（オーラル・ヒストリー）	077
構造的暴力	110, 120
合同再開発事業	123, 133
購買権（the Right to Buy）	040
後方支援	149, 150, 154
高齢化問題	079
国際結婚	062, 066
国際交流協会	070
国土交通省	168
国民基礎生活保障制度	141
国民基礎生活保障法	131, 140, 165
考試院	124, 145
子どもの教育	050
CO-Train	147
CONET（Korean Community Organization Information Network）	147
CO-Multiversity	147
コミュニティ	016, 113, 121
——アクションプラン	117
——開発（community development）	024, 123, 133, 134, 136, 138, 141, 143, 144, 121
——開発会社（Community Development Corporation, CDC）	106, 157
——開発協議会	117, 118
——建設契約	118
——建設契約制度	118
——参加	129, 136, 140, 142, 143, 146

──ソーシャルワーカー ──────── 113
　　──組織化（community organization） ──── 133
　　──組織開発機構（Community Organization Development Institute） ──────── 116
　　──デイケアセンター ──────── 113
　　──ビジネス ─────── 072, 096, 106, 117
　　──防災 ──────────────── 073, 074
　　──モーゲージプログラム（CMP） ───── 116
　　──ラジオ放送局 ──────────── 072
　　──ワーカー ──────── 114, 124, 140
コリアンコミュニティ ──────── 075, 091
コロンボ市 ──────────────── 117

さ　行

「サービス」の効果 ──────────── 049
サービス効果 ────────── 053, 056
サービス付き住宅（SH） ────── 150, 155
サービス付き住宅における4つのシナリオ ────────────────── 156
サービスへのアクセス ────────── 043
災害弱者 ──────────────── 073
再開発公共賃貸住宅 ──────────── 124
最後の寝床（last resort） ──────── 034
財団法人仙台市国際交流協会 ──────── 070
再定住 ──────────────── 136
在　日 ──────────────── 063
在日コリアン ──────────────── 175
在日コリアン高齢者実態調査 ─────── 091
在日コリアンコミュニティ ────── 076, 079
再分配論（redistributionist discourse, RED）──── 012
差　別 ──────────── 085, 087
サポーティブハウジング ────────── 166
サポーティブハウス ──────────── 158
寒い住居 ──────────────── 031
参加型開発（participatory development） ──── 109
参加型調査 ──────────────── 024
参加型のコミュニティ開発アプローチ ───── 132
参加的市民権 ─────── 018, 019, 020, 022
産業宣教 ──────────────── 147
サンドンネ ──────────────── 123
参入（insertion） ──────── 015, 023
産米増殖計画 ──────────────── 084
山谷地域 ──────────── 128, 159

残余主義的 ──────────────── 131
支援的な政策環境 ──────────── 141
ジェントリフィケーション ────────── 110
自活企業 ──────────── 140, 141
自活共同体 ────────────── 140
自活後見機関 ──────────── 140, 165
自活支援 ──────────────── 165
自活事業 ──────────── 131, 141
資産（assets） ──────────── 113, 130
市場媒介型 ──────────────── 081
自助開発 ──────────── 136, 139
自助開発型 ──────────────── 132
持続性 ──────────────── 055
下向きのフィルタリング現象 ────────── 100
失　業 ──────────────── 045
実践の制度化 ──────────── 131, 143
シティズンシップ ──────────── 017
児童福祉法 ──────────────── 160
シナジー ──────────────── 142
シナジー効果 ──────────────── 119
市民権（citizenship） ──────── 016, 017
市民交流センター ──────────── 099
社会開発（social development） ──── 109, 113
社会開発アプローチ ────────── 113, 119
社会開発概念 ──────────────── 130
社会開発論 ──────────────── 113
「社会化及び社会的ネットワーク」の効果 ────────────────── 051
「社会化・社会的ネットワーク」による効果 ──────────── 053, 056
社会関係資本（social capital） ────────── 045, 052, 081, 113, 121
社会サービス ────── 111, 165, 170, 174
社会資源 ──────────────── 166
社会政策 ──────────── 079, 113
社会制度へのアクセス ────────── 043
社会的企業（social enterprise） ────────── 141, 150, 165, 170
社会的企業育成法 ──────── 165, 170
社会的勤労事業 ──────────── 141
社会的結合（cohésion sociale） ─────── 023
社会的結束（social bond） ──────── 015
社会的孤立（social isolation） ────── 052, 053, 056

社会的弱者	128, 149
社会的脆弱性	061
社会的紐帯	129
社会的なインフラ（social infrastructure）	121
社会的なネットワーク	051
社会的閉鎖（social closure）	016, 044
社会的二極化（social polarization）	005, 007
社会的ネットワーク	043, 044, 052
社会的排除（social exclusion）	006, 007, 009, 021, 125
——と居住との関係	054
——と戦うための各国政策の観測機構	011, 017
——に関する「言説」	012
——の原因としての居住貧困	034
——の原因としての住居	039
——の3つのパラダイム	017
社会的不利（social disadvantage）	008, 029, 097, 149
社会的不利地域（Socially Disadvantaged Areas）	045, 046, 047, 051, 076, 097, 174
社会的不利地域への優先的なプログラム（area-based initiatives, ABIs）	056
社会的包摂	022, 031, 032
社会統合論（social integrationist discourse, SID）	013
社会福祉法	160
社会連帯銀行	141, 142
若年層の流出	097
住居と健康	034
住居と社会的排除に関連	040
住居と社会との関係	033, 034, 038, 039
住居貧困（poor housing）	034
住居を通じた（through housing）排除	033
住居を通じた社会的排除	033
住宅協会（Housing Association）	157
住宅供給型政策（supply-based strategy）	120
住宅差別	091, 092
住宅政策	151
住宅政策と福祉政策との連携	037, 040
住宅セーフティネット	168
住宅都市開発省（HUD）	043
住宅の占有形態	029, 038
住宅100万戸計画	120
集中効果（concentration effects）	047, 056
住民協同共同体実現のための錦湖・杏堂・下往企画団	138
住民支援型政策（support-based strategy）	120
宿所提供施設	160
首都圏都市宣教委員会（Seoul Metropolitan Community Organization, SMCO）	134
シュラマダナ	118
障がい	038
小規模起業	138
小規模の企業活動（micro enterprises）	113, 130
商業主義的	123
女工	080, 086
自立（self-reliance）	016
シナジー論	129
信用組合	116, 137
新来外国人	063, 072
スクォッター	132, 133, 163
スティグマ	029, 049, 053, 056
スモーキー・マウンテン	121
スモールビジネス	119
スラム	108, 119, 123, 136
スラム・クリアランス（slum clearance）	110
スラム・スクォッター	110, 111
スラム改善（Slum Improvement, Slum Upgrading）	111
スラムに対する対立両論	119
スリランカ	117
生活構造	077, 078
生活施設	160
生活保護施設	160
生活保護法	160
生産協同組合	140
生産主義	113, 119, 142
生産主義的な社会政策	113
生産の福祉	131, 146
制度的な環境	119
政府の態度	129
セーフティネット	071, 074
「Section 8」住宅手当	044
接合型（Bridging）ソーシャルキャピタ	

ル	129, 142
SELAVIP	137
セルフ・ヘルプ	136
セルフ・ヘルプ・ハウジング	110, 112, 137
セワナター	117
漸進的開発（incremental development）	111
占有形態	029, 042
創業資金	142
相互扶助型	081
ソウル市	132, 133, 145
ソウル市撤去民協議会	134
SOCO（Society of Community Organizations）	147
Social Inclusion Partnerships（SIPs）プログラム	046, 127
ソーシャルキャピタル	129, 142
ソーシャルワーカー	119
阻止・抵抗型	143
ZOTO（Zone One Tondo Organization）	147

た 行

タイ	116, 147
大統領諮問貧富格差・差別是正委員会	145
多言語センターFACIL	072
多次元性	011
多文化共生社会	061
多文化福祉のまちづくり	077
ダルドンネ	123
DAMPA（The Damayan ng Maralitang Pilipinong Api）	119, 121, 122
地域からの流出	079
地域効果（Area Effects）	032, 043, 044, 045, 056, 076, 097
——と社会的排除に関する関係図	054
——と社会的排除の関係図	055
——のメカニズム	047
地域再生	128, 129
——局（neighbourhood renewal unit）	046
——プログラム	046
地域自活センター	140, 141, 165
地域施設	030
地域と社会的包摂・排除の類型化	054
地域内外のネットワーク	056
地域に基づいた優先事業（area-based initiatives, ABIs）	046
地域の経済開発	114, 119
地域の役割	042
地域包括的なプログラム	031
地下住居	124
中国籍	063
長期間の依存（long-term "dependency"）	016
超教派的な（ecumenical）	147
チョッパン	124, 144, 163
地理的条件	051
賃貸住宅政策	151
提携（joined up）	022
提携された解決策（joined-up solutions）	046
抵抗・要求型	132, 134
定住者	062
適切な住居（decent housing）	036, 037, 039, 040, 046
適切な住居からの排除	038
撤去反対運動	138
天主教都市貧民会	134
ドイツ	137
東京	128, 154, 159
統合（integration）	015
統合（integration）	023
投資志向	113, 119
道徳的アンダークラス論（moral underclass discourse, MUD）	013
東北型多文化共生	070, 071, 074
登録外国人統計	062
同和対策事業特別措置法	097
同和地区	097, 098
独占	014, 017
独占パラダイム	016
特定非営利活動法人	166, 169
都市再開発	110
都市政策	043, 079, 124
都市宣教（urban mission）	147
都市宣教委員会	133
都市貧困	044, 140
都市貧困層居住地	123
都市貧民運動	134
都市問題	143

都市問題研究所（Institute of Urban Studies and Development）......... 133
都市リソースセンター 117
土地調査事業 083
トンド（Tondo）....................... 121

な 行

内的開発（internal development）...... 115
ナット産業 088
日系ブラジル・ペルー人 062
日本居住福祉学会 168
日本語教室 071, 074
入管法改正 062
New Deal for Communities（NDCs）プログラム 046, 127

は 行

「場」づくり支援 071
パートナーシップ
  .... 016, 022, 046, 143, 145, 164, 174
売春防止法 160
排除の持続性 030
排除の集中 029, 055
排除の複雑性 030, 055
ハウジング・ファースト 150, 157
HF アプローチ 154
パキスタン 115
剥奪（deprivation）.................... 009
花嫁不足 062, 063, 070
板子村 123
阪神・淡路大震災 072
ハンドク住宅 136
反貧困プログラム 008
PLA 024
皮革産業 087
東アジア 175
東日本大震災 061, 149
被災外国人 061
被災外国籍住民 064
引っ張り（pull）要因 108
ビニルハウス 124, 144, 163
POP（People's Organization for Participation）.................. 147

PROUD（People's Responsible Organization of United Dharavi）...... 147
ビヨンド・シェルター（Beyond Shelter）.... 156
貧困（poverty）................... 009, 045
　――化（impoverishment）......... 009
　――研究 010
　――コミュニティ 123, 124, 143
　――コミュニティの組織化 133
　――者 044, 045
　――地域 042, 045, 049
　――の集中 109
　――の集中化 034
　――の都市化 109
貧富格差・差別是正委員会 145
貧民運動 134
フィリピン 116, 119
フィリピン人 062
PECCO（Philippine Ecumenical Committee for Community Organizers）...... 147
フォーヤー（Foyers）........... 157, 158
福祉国家 003, 149
　――の危機 005, 021
　――の市民権モデル 019
　――レジーム 004
福利（well-being）..................... 049
不健康（Unfit）......................... 036
婦人保護施設 160
復興支援 061
不適切な住居 034
部落解放運動 099
ふるさとの会 128, 159
プロセス 011
プロセスとしての貧困（poverty as process）
  .... 011, 013, 021, 022, 174
分化 014, 017
文化的な排除 044
分化パラダイム 015
分配的問題 055, 145
保育 050
防災 063, 070
紡績工場 080, 086
包摂型社会 022, 174, 176
包摂都市ネットワーク 175

事項索引

191

包摂都市論 175
包摂に向けた社会の方からの変化（inclusive society） 126
法務省 062
ホームレス 028, 112, 128, 143, 150, 153, 155, 160, 175
　──状態をなくす全米連合 156
　──総合相談センター 163
　──地域生活移行支援事業 154, 161
　──の自立の支援等に関する特別措置法 150, 154, 160, 161
ポグンジャリ 133, 136, 138
母子生活支援施設 160
香港 147

ま 行

マイクロクレジット 141
マイクロファイナンス 116, 119
マイクロ保険（マイクロ・インシューランス） 116
マイノリティ 044, 078
マクロ経済学 045
まちづくり研究会 098
MISEREOR 137
密航 081, 084
3つのパラダイム 014
みやぎ「こうでねいと」 169
宮城県国際交流協会 071
民間賃貸部門 030, 037, 038
民主化抗争 124
民団 072
Moving to Opportunities 043
無年金問題 079
メトロ・マニラ 121
メリノール会 137
モクファ・マウル 136
持ち家住宅政策 151
持ち家率 091, 092

や 行

役割モデル（role model） 045, 052
有給労働 013
輸出志向型工業化 123

要求型 138
養護老人ホーム 160
寄せ場 129

ら 行

ライフ・ヒストリー調査 077, 098, 099
ラベリング 049, 053, 056
LOCOA（Leaders and Organizers of Community Organization） 147
立地 049
立地・貧困の集中効果 053, 056
「立地と貧困の集中」による効果 047
流民 084
劣悪な居住環境 051
レッドライニング 049
連帯 014, 017
連帯主義 015
連帯パラダイム 014
老人福祉法 160
労働訓練提供型宿所 028
労働党 125
労働党政府 046
ロサンゼルス市 156
ロンドン 045

わ 行

ワーキングプア 143
和歌山県 077
和歌山県におけるコリアンコミュニティ 080

人 名

Alinsky, S. D. 147
Andersen, G. Esping 004
Berghman, J 009, 021
Durkheim 022
Galtung 110
Lenoir, R 007
Levitas, R 012, 017, 021
Marshall 017, 022
Masao Takenaka 147
Max Weber 016
Midgley 130

Room, G ---------- 008, 010	Townsend, P ---------- 008
Silver ---------- 014, 021	White, H ---------- 147

■執筆者紹介

全　泓奎（じょん・ほんぎゅ）

1969年韓国ソウル生まれ
東京大学大学院工学系研究科都市工学専攻博士課程修了（国際都市計画・地域計画研究室），
日本福祉大学COE主任研究員及び大韓民国政府国土海洋部居住福祉企画課事務官（福祉係長）等を経て，
現在，大阪市立大学都市研究プラザ教授／工学博士（東京大学）

〔主要業績〕
・『韓国・居住貧困とのたたかい──居住福祉の実践を歩く』（東信堂，2012年）
・『世界格差・貧困百科事典』（明石書店，2012年／監訳）
・「ホームレスコミュニティの共生型居住に関する研究──渋谷区宮下公園における当事者参加型調査を中心として」『日本建築学会計画系論文集565号』（2003年／共著）

Horitsu Bunka Sha

包摂型社会
──社会的排除アプローチとその実践

2015年4月1日　初版第1刷発行

著　者　　全　　泓奎
発行者　　田靡純子
発行所　　株式会社　法律文化社

〒603-8053
京都市北区上賀茂岩ヶ垣内町71
電話075(791)7131　FAX 075(721)8400
http://www.hou-bun.com/

＊乱丁など不良本がありましたら，ご連絡ください。
　お取り替えいたします。

印刷：西濃印刷㈱／製本：㈱藤沢製本
装幀：谷本天志
ISBN 978-4-589-03671-1
Ⓒ2015 Jeon Hong Gyu Printed in Japan

JCOPY　〈(社)出版者著作権管理機構　委託出版物〉

本書の無断複写は著作権法上での例外を除き禁じられています。複写される場合は，そのつど事前に，(社)出版者著作権管理機構（電話03-3513-6969，FAX03-3513-6979，e-mail: info@jcopy.or.jp）の許諾を得てください。

福原宏幸編著〔シリーズ・新しい社会政策の課題と挑戦第1巻〕
社会的排除／包摂と社会政策
A5判・280頁・3300円

ヨーロッパ諸国における社会的排除概念の発展と政策への影響を概観。ホームレス，母子世帯，不安定雇用の若者などの事例を取り上げ，社会的排除概念の日本への導入と実践を紹介する。格差や貧困などの議論にも言及。

圷 洋一・堅田香緒里・金子 充・西村貴直・畑本裕介著
社 会 政 策 の 視 点
―現代社会と福祉を考える―
A5判・258頁・2800円

社会政策の批判的考察の書。社会政策の捉え方や制度についての基本的な知識を共有し（1〜4章），取り巻く環境を「空間」として問題化（5〜7章），思想的・イデオロギー的な「視座」を理解する（8〜10章）。12章で社会政策研究に論及。

圷 洋一著
福　　祉　　国　　家
A5判・228頁・2500円

福祉国家のあり方を原理的・批判的に考えるための知見を，編成・構造・目的という3つのレベルに区別して整理。福祉国家の〈いま〉を理解し〈これから〉を展望するうえで重要な論点にも言及。人文社会科学に必携の書。

ウィリアム・ベヴァリッジ著／一圓光彌監訳
全国社会保険労務士会連合会企画
ベ ヴ ァ リ ッ ジ 報 告
―社会保険および関連サービス―
A5判・310頁・4200円

日本の制度構築に大きな影響を与え，社会保険の役割と制度体系を初めて明らかにした「古典」の新訳。原書刊行後70年が経過し旧訳を手にすることができないなか，監訳者による詳細な解題を付し，歴史的・現代的な意義を再考する。

埋橋孝文著〔社会保障・福祉理論選書〕
福祉政策の国際動向と日本の選択
―ポスト「三つの世界」論―
A5判・226頁・3200円

エスピン－アンデルセン後の動向を検討し，新しい政策論を提示する。南欧，アジアの政策の考察や「雇用と福祉の関係の再編」に注目し，日本の位置確認と政策論議の場を提供。本書に関する文献レビュー付。

小久保哲郎・安永一郎編
すぐそこにある貧困
―かき消される野宿者の尊厳―
A5判・270頁・2300円

いまや「すぐそこにある」ものになった貧困問題。しかしどこか他人事とされがちな野宿者問題を，代表的な訴訟をとおして当事者・弁護士の視点からリアルな現実を描く。尊厳と権利回復への方途を再構築する。

―――法律文化社―――

表示価格は本体（税別）価格です